Philip Kotter

Datenschutz beim vernetzten und autonomen Fahren

Welche Rahmenbedingungen können sensible Daten schützen?

AF129623

Bibliografische Information der Deutschen Nationalbibliothek:

Die Deutsche Nationalbibliothek verzeichnet diese Publikation in der Deutschen Nationalbibliografie; detaillierte bibliografische Daten sind im Internet über http://dnb.d-nb.de abrufbar.

Impressum:

Copyright © Science Factory 2019

Ein Imprint der Open Publishing GmbH, München

Druck und Bindung: Books on Demand GmbH, Norderstedt, Germany

Covergestaltung: Open Publishing GmbH

Abstract

Das Maß des Einzugs vernetzter Fahrzeuge in den Alltag nimmt stetig zu und lässt auch das autonome Fahren immer greifbarer erscheinen. Diese Entwicklung hat jedoch die Erhebung und Verarbeitung immenser Datenmengen zur Konsequenz, woraus sich neben den technologischen und infrastrukturellen Herausforderungen immer mehr ungeklärte rechtliche Fragen in den Vordergrund drängen. Die EU-Datenschutz-Grundverordnung regelt innerhalb der Europäischen Union den Umgang mit personenbezogenen Daten und hebt die EU-Mitgliedsstaaten auf ein einheitliches Datenschutzniveau. Damit existiert ein notwendiges Regelwerk, um das komplexe Zusammenspiel von Datenmassen und einer großen Anzahl an Akteuren und Interessenten zu kontrollieren. Die Ausarbeitung durchleuchtet dieses Zusammenspiel in Form einer Literaturrecherche und beurteilt daraufhin fallbezogen die Anwendbarkeit des Datenschutzes innerhalb der EU. Dabei unterstützen die Gewährleistungsziele des Standard-Datenschutzmodells die Durchführung der Analyse. Der Konflikt zwischen Datenschutz und technologischem Fortschritt bleibt letztendlich nicht aus. Besonders die Datenschutzprinzipien „Transparenz", „Datenminimierung" und „Zweckbindung" beweisen ein hohes Konfliktpotenzial. Die Hersteller im Automobilbereich arbeiten mit unterschiedlicher Sorgfalt daran, die Anforderungen an den Datenschutz umzusetzen. Bis zu einer vollständigen Konformität scheint es jedoch noch ein weiter Weg zu sein.

Vernetztes Fahren | Autonomes Fahren | Datenschutz | DS-GVO | EU | Fahrzeugdaten

Inhaltsverzeichnis

Abstract III

Abbildungsverzeichnis VI

Abkürzungsverzeichnis VII

1 Einleitung 1

    1.1 Problemstellung 1

    1.2 Zielsetzung der Arbeit 2

    1.3 Gliederung und methodischer Hergang 2

2 Theoretische Grundlagen 4

    2.1 Vernetztes und autonomes Fahren 4

    2.2 Notwendigkeit des Datenschutzes 6

    2.3 Europäischer und nationaler Datenschutz 7

3 Daten im vernetzten und autonomen Fahrzeug 10

    3.1 Fahrzeugdaten 10

    3.2 Insassendaten 14

    3.3 Umfelddaten und Kommunikation 17

    3.4 Zusammenfassung der Datensituation 20

4 Interessenslage der Akteure 22

    4.1 Hersteller, Händler und Werkstätten 22

    4.2 Herstellerunabhängige Dienstleister 25

    4.3 Fahrzeugnutzer und Verkehrsteilnehmer 28

    4.4 Sonstige Interessenten 29

    4.5 Zusammenfassung der Interessenslage 30

5 Detailanalyse der EU-Datenschutz-Grundverordnung 31

    5.1 Anwendungsbereich 31

    5.2 Personenbezogene Daten 32

    5.3 Informationspflicht 32

    5.4 Einwilligung 33

    5.5 Datenmaskierung 34

    5.6 Privacy by Design and Default 36

6 Datenschutzrechtliche Anforderungen an das vernetzte und autonome Fahren 38

    6.1 Transparenz 38

    6.2 Datenminimierung 41

    6.3 Vertraulichkeit, Verfügbarkeit, Integrität 43

    6.4 Nichtverkettbarkeit 45

    6.5 Intervenierbarkeit 46

    6.6 Zusammenfassung der Datenschutzsituation 47

7 Zukunft des autonomen Fahrens 49

    7.1 Datenschutzneutrale Voraussetzungen 49

    7.2 Einführungsszenarien 51

8 Fazit 52

    8.1 Ergebnisdarstellung 52

    8.2 Datenschutzrechtliche Handlungsempfehlungen 53

Literaturverzeichnis 56

Abbildungsverzeichnis

Abbildung 1: Automatisierungsgrade nach VDA [Vda15 | S. 15] 6
Abbildung 2: Sensorfelder der Umfeldüberwachung [Audi18a] 17
Abbildung 3: HD-Karte BMW [Bmw18c] 18
Abbildung 4: Anonymisierte Daten (eigene Darstellung) 34
Abbildung 5: Pseudonymisierte Daten (eigene Darstellung) 35
Abbildung 6: Datenschutz-Oberfläche (eigene Darstellung) 54

Abkürzungsverzeichnis

ABS	Antiblockiersystem
Abs.	Absatz
ADAC	Der Allgemeine Deutsche Automobil-Club e.V
Art.	Artikel
BASt	Bundesanstalt für Straßenwesen
BDSG	Bundesdatenschutzgesetz
BDSG (neu)	Bundesdatenschutzgesetz (neue Fassung)
BfDI	Bundesbeauftragte für den Datenschutz und die Informationsfreiheit
bzw.	beziehungsweise
DS-GVO	Verordnung 2016/679 des Europäischen Parlaments und des Rates
eCall	emergency cal
ESP	Elektronisches Stabilitätsprogramm
EU	Europäische Union
FIN	Fahrzeug-Identifizierungsnummer
GPS	Global Positioning System
HD	High Definition
Kfz	Kraftfahrzeug
KI	Künstliche Intelligenz
LKW	Lastkraftwagen
OBD	On-Board Diagnose-Stecker
QR-Code	Quick Response Code
VDA	Verband der Automobilindustrie
VdTÜV	Verband der TÜV e.V.
WLAN	Wireless Local Area Network
z. B.	zum Beispiel

1 Einleitung

„WIR WERDEN IN 20 JAHREN NUR NOCH MIT SONDERERLAUBNIS

SELBSTÄNDIG AUTO FAHREN DÜRFEN"

Angela Merkel, 2017 [Vitz17]

Auch wenn die Verlässlichkeit dieser kühnen Aussage der deutschen Bundeskanzlerin während einer wissenschaftlichen Fragerunde zum Thema „Zukunft" schwer belegbar ist, kann dennoch erahnt werden, dass die nächste mobile Revolution nicht mehr allzu lange auf sich warten lässt.

Intelligente Fahrsicherheits- und Assistenzsysteme sind im Automobilbereich längst keine vage Zukunftsvision mehr. Bereits heute unterstützt eine Vielzahl an kommunizierenden Steuergeräten und Sensoren den Fahrer in verschiedensten Situationen des alltäglichen Straßenverkehrs. Spätestens seit der Etablierung des bordeigenen Notrufsystems eCall im April 2018 ist jeder in der Europäischen Union verkaufte Neuwagen gesetzlich zur Vernetzung verpflichtet [Euro15].

Das Innovationspotenzial ist jedoch längst nicht erschöpft. Eine lange Liste an Unternehmen aus beteiligten Branchen arbeitet weltweit zielstrebig an der Erreichung der höchsten Automatisierungsstufe und damit letztendlich am Betrieb des autonomen Fahrzeugs. Durch den Wegfall des Fahrers verspricht die Technologie unser Mobilitätsverhalten entscheidend zu verändern. Geht es nach den Vorstellungen der Ingenieure in der Automobilindustrie, dann ist der Mensch am Steuer ein Auslaufmodell. Fortan soll das Auto selbstständig fahren, während sich die Insassen beruhigt zurücklehnen können. [Haup15]

1.1 Problemstellung

Betrachtet man aktuelle Studien, ist es nicht die Frage ob das autonome Fahren kommen wird, sondern nur noch wann und wie. Der Verband der Automobilindustrie (VDA) prognostiziert diesbezüglich bereits für spätestens 2030 den ersten Einsatz von Fahrzeugen der höchsten Automatisierungsstufe in Städten [Vda17a]. Diese Entwicklung des vernetzten Automobils mit dem Ziel der vollständigen Autonomie hat jedoch die Erhebung und Verarbeitung immenser Datenmengen zur Konsequenz, woraus sich neben den technologischen und infrastrukturellen Herausforderungen immer mehr ungeklärte rechtliche Fragen in den Vordergrund drängen. Hält man sich vor Augen, dass Googles autonomes Fahrzeug „Waymo" bereits heute pro Sekunde 1 Gigabyte an Sensordaten generiert [Lide17], gewinnt die Frage nach den Details der weiteren Verarbeitung durchaus an Relevanz. Die Vielfältigkeit der durch intelligente Sensoren erfassten Daten birgt ein enormes Wertschöpfungspotenzial und weckt selbstredend Begehrlichkeiten. Das vernetzte Fahrzeug wird dadurch zum Spielball unterschiedlicher Interessen.

Aus diesem Grund muss speziell der Datenschutz nach dem Anwendungsbeginn der EU-Datenschutz-Grundverordnung im Mai 2018 neu durchleuchtet werden, um die Rahmenbedingungen für den Einsatz vernetzter wie auch autonomer Fahrzeuge im aktuellen Kontext abzustecken.

1.2 Zielsetzung der Arbeit

Ziel dieser Arbeit ist eine Momentaufnahme der datenschutzrechtlichen Bedingungen zum Betrieb eines vernetzten und letztendlich autonomen Fahrzeugs im europäischen Straßenverkehr. Durch die Prüfung der verschiedenen Sachverhalte soll aufgedeckt werden, wie weit die Gesetzgebung, die Automobilbranche, wie auch die vorhandene Infrastruktur bei diesem Thema fortgeschritten sind und welche Hürden noch überwunden werden müssen.

Auf dem Weg zum Primärziel ist es erforderlich, sukzessive verschiedene Zwischenfragen zu bearbeiten, deren Beantwortung letztendlich die Anwendbarkeit des Datenschutzes und speziell der EU-Datenschutz-Grundverordnung fallbezogen ermöglicht. In diesem Zuge werden neben einer Analyse der Datenherkunft und -verwendung, auch die unterschiedlichen Interessenten und Akteure vorgestellt, bevor Konflikte, Chancen und Herausforderungen aufgedeckt werden.

1.3 Gliederung und methodischer Hergang

Grundlage dieser Arbeit ist eine systematische Literaturrecherche anhand verschiedener Ausarbeitungen in den Bereichen „Datenschutz", „vernetzte Mobilität" und „autonomes Fahren" zur analytischen Beantwortung der oben genannten Problemstellung. Um der Aktualität des Themas gerecht zu werden, wird vornehmlich auf Publikationen verschiedener Online-Quellen wie auch auf zeitgemäße Fachliteratur zugegriffen.

Die Ausarbeitung erstreckt sich über acht aufeinander aufbauende Kapitel. Einen Überblick der Problemstellung und die daraus resultierende Zielsetzung bekommt der Leser in der Einleitung, ehe in einem theoretischen Grundlagenteil die erforderliche Informationsbasis geschaffen wird. Wurde das Verständnis für die elementaren Themenbereiche vermittelt, folgt in Kapitel 3 die Analyse der für vernetztes und autonomes Fahren notwendigen Daten, deren Kategorisierung wie auch ein erster Blick auf datenschutzrechtliche Grundlagen. Vor der detaillierten datenschutzrechtlichen Behandlung, sorgt Kapitel 4 für Klarheit über die potenziell beteiligten Akteure und deren Interessenslage im Rahmen des vernetzten und autonomen Fahrens. Nach ausführlicher Betrachtung, welche Daten in Kombination mit welchen Akteuren, für welche Zwecke interessant erscheinen, wird in Kapitel 5 die neue EU-Datenschutz-Grundverordnung kontextuell auf den theoretischen Prüfstand gestellt. Anschließend besteht die notwendige Transparenz, um im darauffolgenden Kapitel die verschiedenen Datenverarbeitungsprozesse rund um das vernetzte und autonome Fahrzeug dem Zuständigkeitsbereich des europäischen Datenschutzes zuzuordnen, um daraufhin vorhandene Kontaktpunkte zu identifizieren. Das Ergebnis dieser Analyse zeigt letztendlich auf, welche datenschutzrechtlichen Regelungen und Prinzipien die verantwortlichen Stellen bereits erarbeitet haben, wie diese angewandt werden können und wo weiterhin potenzielle Lücken bestehen. Nach einer Zukunftsprognose in Bezug auf die Einführung des autonomen Fahrens, erfolgt abschließend das Fazit mit einer datenschutzrechtlichen Handlungsempfehlung.

2 Theoretische Grundlagen

Das folgende Kapitel beinhaltet eine explizite Darstellung, der für das bessere Verständnis notwendigen Grundinhalte dieser Arbeit, wie auch eine Definition und Abgrenzung der verwendeten Hauptbegriffe.

2.1 Vernetztes und autonomes Fahren

Dieses Fahrzeug bleibt immer in der Spur, vergisst beim Abbiegen nie zu blinken, beachtet alle Stoppzeichen und überholt nie in gefährlichen Kurven (Übersetzung aus Kurzfilm [Gene16]).

Was wie der tagesaktuelle Werbeslogan eines zukunftsorientierten Automobilherstellers klingt, findet seinen Ursprung jedoch weitaus früher als vermutet. Das Unternehmen General Motors inszenierte bereits im Jahr 1935 die Vision des autonomen Autos in dem Kurzfilm „The Safest Place" als technisch realisierbare Möglichkeit und brachte dieses Thema schon damals in den öffentlichen Fokus.

In den darauffolgenden Jahrzehnten rangen sich Ingenieure aus aller Welt um die technologische Führerschaft und entwickelten zahlreiche themenbezogene Konzepte. Diese hatten mit der heutigen Vorstellung des autonomen Fahrens jedoch wenig zu tun. Mal folgten die Fahrzeuge einem in die Fahrbahn versenkten elektromagnetischen Kabel, dessen Impulse Geschwindigkeit und Steuerung regulierten, mal wurde ein ferngesteuertes Auto über eine Antenne per Morsecode gesteuert [MGLW15 | S. 44-50]. Die massentaugliche Evolution der Automatisierung und Vernetzung begann erst in den 60er Jahren. Durch die Einführung des Tempomats wurde erstmals ein Fahrzeug mit Assistenzfunktion serienreif und auch die Ära des vernetzten Fahrzeugs begann zeitgleich mit der Verbreitung des Verkehrsfunks [Vda15 | S. 10].

Seit dem ist viel Zeit vergangen und die Entwicklung mittlerweile weit vorangeschritten. Aus alten Ideen wurden neue Visionen und daraus bald konkrete Konzepte, welche wiederum realisiert werden konnten. Doch wie definieren sich vernetzte und autonome Fahrzeuge, was sind die Voraussetzung dafür, wie können diese Bezeichnungen von ähnlichen abgegrenzt werden?

Der Begriff des vernetzten Fahrzeugs (englisch: Connected Car) und dessen Definition haben in den letzten Jahrzehnten einen Wandel durchlebt und konnten bis heute nicht einheitlich festgelegt werden. Zusammenfassend muss ein vernetztes Fahrzeug die Möglichkeit besitzen, sich mit der Umwelt, der Infrastruktur oder dem Internet zu verbinden, egal ob über eine integrierte SIM-Karte, über das

Smartphone des Fahrzeugnutzers oder mithilfe anderer Vernetzungsmöglichkeiten [JoMi15 | S. 1-7] [Kump17 | S. 3-4].

Vernetzte Fahrzeuge gehören heute bereits zu unserem Alltag und sind die Grundlage für das autonome Fahrzeug von morgen. Der Verband der Automobilindustrie definiert die Eigenschaften des autonomen Fahrens folgendermaßen „Das System übernimmt die Fahraufgabe vollumfänglich bei allen Straßentypen, Geschwindigkeitsbereichen und Umfeldbedingungen" [Vda15 | S. 15]. Kurz gesagt übernimmt ein autonomes Fahrzeug die vollständige Fahraufgabe, ohne die Notwendigkeit des menschlichen Eingreifens. Die Begriffe „selbstfahrendes Auto" und „fahrerloses Auto" werden analog verwendet. Seltener tauchen die Varianten „pilotiertes Fahrzeug", „automatisiertes Fahrzeug" oder „automatisches Fahrzeug" auf, welche jedoch teilweise keine eindeutige Abgrenzung zu den Vorstufen des autonomen Fahrens zulassen. Im Rahmen dieser Ausarbeitung werden die eindeutigen Bezeichnungen „autonomes Fahrzeug" bzw. „autonomes Fahren" verwendet, welche sich an der oben beschriebenen Definition des VDA orientieren.

In Vorstufen des autonomen Fahrens unterstützt die Technik die menschliche Wahrnehmung durch die Bereitstellung von Informationen, die sowohl die Entscheidungsfindung als auch die Reaktionsfähigkeit des Fahrers verbessern sollen. Der VDA hat auf Grundlage der ursprünglich 2012 entworfenen „BASt-Automatisierungsgraden" [GAA12] eine erweiterte und vollständige Stufenfestlegung für die Kategorisierung des automatisierten Fahrens erarbeitet. Die verschiedenen Stufen und deren Unterschiede werden in Abbildung 1 dargestellt und enden mit der Stufe 5, dem autonomen Fahren.

STUFE 0	STUFE 1	STUFE 2	STUFE 3	STUFE 4	STUFE 5
DRIVER ONLY	ASSISTIERT	TEIL-AUTOMATISIERT	HOCH-AUTOMATISIERT	VOLL-AUTOMATISIERT	FAHRERLOS
Fahrer führt dauerhaft Längs- und Querführung aus.	Fahrer führt dauerhaft Längs- oder Querführung aus.	Fahrer muss das System dauerhaft überwachen.	Fahrer muss das System nicht mehr dauerhaft überwachen. Fahrer muss potenziell in der Lage sein, zu übernehmen.	Kein Fahrer erforderlich im spezifischen Anwendungsfall*.	Von „Start" bis „Ziel" ist kein Fahrer erforderlich.
Kein eingreifendes Fahrzeugsystem aktiv.	System übernimmt die jeweils andere Funktion.	System übernimmt Längs- und Querführung in einem spezifischen Anwendungsfall*.	System übernimmt Längs- und Querführung in einem spezifischen Anwendungsfall*. Es erkennt Systemgrenzen und fordert den Fahrer zur Übernahme mit ausreichender Zeitreserve auf.	System kann im spezifischen Anwendungsfall* alle Situationen automatisch bewältigen.	Das System übernimmt die Fahraufgabe vollumfänglich bei allen Straßentypen, Geschwindigkeitsbereichen und Umfeldbedingungen.

* Anwendungsfälle beinhalten Straßentypen, Geschwindigkeitsbereiche und Umfeldbedingungen

Abbildung 1: Automatisierungsgrade nach VDA [Vda15] | S. 15]

Derzeitig in Serie gebaute Automobile der Oberklasse erfüllen bereits die technischen Voraussetzungen der Stufe 3 und sind somit hoch-automatisiert [Audi17]. Jedoch schiebt das Gesetz hier vorerst einen Riegel vor: Demnach dürfen automatisierte Eingriffe laut Wirtschaftskommission der Vereinten Nationen für Europa nur bis zu einem Grenzwert von 10 km/h (+/- 20 %) erfolgen [Wirt08], wodurch die zulassungsrechtlichen Rahmenbedingungen aktuell klar gegen den Betrieb von höher automatisierten Fahrzeugen sprechen. Die EU und 50 weitere Staaten weltweit arbeiten aber derzeit an neuen Regelungen für das autonome Fahren, wodurch Eingriffe bis Tempo 130 km/h ermöglicht werden sollen [Lenn17] [Focu18].

2.2 Notwendigkeit des Datenschutzes

Daten gelten als das Gold des 21. Jahrhunderts. Die sukzessive Vernetzung unserer Lebensbereiche bringt gigantische Datenmengen hervor und sorgt für Goldgräberstimmung auf dem Markt der Digitalisierung. Die Verbreitung dieser Diversität an Datenquellen beeinflusst die globale Wirtschaft in einem noch nie dagewesenen Ausmaß [KHOH18 | S. 311]. Beherrscht ein Unternehmen mit der stetig ansteigenden Datenflut effektiv und effizient umzugehen, steigen die Chancen, sich erfolgreich auf dem Markt zu behaupten. Beispiel: Hat ein Unternehmen Zugang zu einer repräsentativen Menge an Nutzerdaten, können durch Targeting-Methoden [HaWi11] personenbezogene Werbeangebote gezielt an potenzielle Kunden gerichtet werden. Erkennt ein Automobil den im Kalender gespeicherten

Hochzeitstag des Fahrers, können ihm auf dem Heimweg vom Arbeitsplatz, Angebote nahegelegener Blumenläden auf dem Display anzeigt werden.

Daten werden langsam aber sicher zu einem der wertvollsten Güter auf dem Markt. Dies gilt besonders dann, wenn durch die Verknüpfung mit anderen Informationen die Möglichkeit besteht, Verhaltensmuster abzuzeichnen. Wer mit Kreditkarte zahlt oder eine Kundenrabattkarte nutzt, hinterlässt Datenspuren seiner Einkäufe. Besuchen wir Webseiten, werden unsere Aktivitäten in der Regel gleich von mehreren Akteuren aufgezeichnet und ausgewertet [Ritz18 | S. 179]. Durch den Fortschritt im IT-Bereich, ergeben sich immer einfachere und schnellere Methoden der Datenerfassung. Hieraus entsteht die Gefahr des „gläsernen Menschen" und somit der Verlust der Privatsphäre. Deswegen verfolgt der Datenschutz das Ziel, jedem selbst die Entscheidung zu überlassen, was mit den eigenen Daten geschieht.

2.3 Europäischer und nationaler Datenschutz

Betrachtet man die hohe Geschwindigkeit des technologischen und gesellschaftlichen Wandels, kann die Gesetzgebung tatsächlich nur unter großen Mühen mithalten. Es verwundert aber trotzdem, dass die noch bis vor kurzem gültige EU-Datenschutzrichtlinie 95/46/EG bereits aus dem Jahr 1995 stammt, einer Zeit, in der das Internet noch einer überschaubaren Bekanntheit unterlag. Zum Vergleich: In diesem Jahr begegneten sich Larry Page und Sergey Brin, die beiden Google-Gründer, zum ersten Mal an der Stanford University [Kett14] und der Facebook-Gründer Marc Zuckerberg begann sich mit 11 Jahren langsam für Computer zu interessieren [Maca17]. Viele Herausforderungen, die unsere Digitalisierung und Vernetzung mit sich brachten, lagen damals noch in weiter Ferne.

In den letzten Jahren bestand jedoch das Hauptproblem darin, das jedes Land der EU das Thema Datenschutz, unter Berücksichtigung der veralteten Datenschutzrichtlinie 95/46/EG, sehr unterschiedlich auslegte und sich, falls möglich, an nationalen Regelungen bediente. Die Überarbeitung und Vereinheitlichung des Datenschutzrechtes in Form einer Verordnung galt somit als dringend erforderlich und brachte auch die längst notwendige Neuausrichtung der meist zu milden Geldbußen und Sanktionen bei Verstößen auf die Agenda.

Nach 2 Jahren Übergangsfrist findet die EU-Verordnung 2016/679 des Europäischen Parlaments und des Rates nun seit dem 25. Mai 2018 (Art. 99 DS-GVO) verbindlich Anwendung und regelt innerhalb der Europäischen Union den Umgang mit personenbezogenen Daten. Damit hebt sie die EU-Mitgliedsstaaten auf ein einheitliches, zeitgemäßes Datenschutzniveau. Im weiteren Verlauf dieser Ausarbeitung wird die Verordnung als „EU-Datenschutz-Grundverordnung" bezeichnet, oder alternativ mit „DS-GVO" abgekürzt.

Mit dem Begriff „Verordnung" kommt nun die Verbindlichkeit ins Spiel. Im Gegensatz zu einer EU-Richtlinie muss eine EU-Verordnung nicht erst durch eine entsprechende nationale Gesetzgebung des jeweiligen Landes umgesetzt werden, sondern gilt unmittelbar, in diesem Fall in allen EU-Mitgliedstaaten. Solange nicht widersprüchlich, können dennoch nationale Gesetze, wie beispielsweise die neue Fassung des deutschen Bundesdatenschutzgesetzes vom 30. Juni 2017 (fortan „BDSG (neu)" genannt), die DS-GVO konkretisieren, ergänzen oder modifizieren [Bund17]. Im BDSG (neu), werden dazu Bereiche aufgegriffen wie auch geregelt, in denen die DS-GVO den Mitgliedstaaten Gestaltungsspielräume, sogenannte Öffnungsklauseln, belässt, die aus nationaler Sicht jedoch einer Festlegung bedürfen. Bezugnehmend auf den Themenbereich „vernetztes und autonomes Fahren" werden darin bisher jedoch keine expliziten Regelungen vorgenommen.

Da der Fokus dieser Ausarbeitung auf dem europäischen Datenschutz liegt, sollte des Weiteren ein kurzer Blick auf die bevorstehende ePrivacy-Verordnung geworfen werden, welche die bisher gültige Richtlinie 2002/58/EG aus dem Jahr 2002 fortan ablösen soll. Die Europäische Union möchte damit die Privatsphäre von Bürgern online stärken und den Datenschutz intensiver regulieren. Durch die ePrivacy-Verordnung soll die EU-Datenschutz-Grundverordnung ergänzt und beispielsweise der Datentransfer beim vernetzten Fahrzeug geregelt werden [Bros18]. Da sich die Ausführungen der ePrivacy-Verordnung jedoch zum aktuellen Zeitpunkt noch in der Diskussion befinden, werden diese im Rahmen der Ausarbeitung nicht näher behandelt. Die derzeitig noch gültige Richtlinie 2002/58/EG regelt maßgeblich Aspekte der Datensicherheit und enthält keine für diese Ausarbeitung relevanten Regelungen, welche nicht bereits von der DS-GVO abgedeckt werden.

Datenschutz findet seine Anwendung erst beim Umgang mit personenbezogenen Daten, deren Zugehörigkeit im Art. 4 Abs. 1 der DS-GVO definiert ist. Wie eine gemeinsame Erklärung der Konferenz der unabhängigen Datenschutzbehörden des Bundes und der Länder und des Verbandes der Automobilindustrie (VDA) zeigt [VdDs16], sind jedoch auch hier nationale Ergänzungen möglich. Die Erklärung behandelt datenschutzrechtliche Aspekte im Umgang mit vernetzten Fahrzeugen und legt unter anderem fest, dass bei anfallenden Daten ein Personenbezug vorliegt, sollte eine Verknüpfung mit der Fahrzeug-Identifizierungsnummer oder dem Kfz-Kennzeichen des betroffenen Fahrzeugs bestehen. Dieser Meinung schließen sich auch weitere Gesellschaften der EU-Länder an, wie beispielsweise ein Positionspapier der britischen „Society of Motor Manufacturers and Traders" zeigt [SNW18 | S. 7] [Stör17 | S. 3]. Wie die folgenden Kapitel darlegen, haben diese Festlegungen besonders bei dem hier behandelten Themengebiet eine beachtenswerte Bedeutung.

Welche Herausforderungen hinsichtlich der EU-Datenschutz-Grundverordnungen letztendlich auf das vernetzte und autonome Fahren zukommen, wird in den folgenden Kapiteln ausführlich dargestellt.

3 Daten im vernetzten und autonomen Fahrzeug

Moderne Fahrzeuge haben mehr Elektronik an Bord als die erste Raumfähre [Ntv14]. Verschiedene Modelle der Oberklasse besitzen heute bereits bis zu 100 Steuergeräte, die verschiedenste Fahrzeugfunktionen durch den Einsatz von Software realisieren [Weiß12]. Mit dem Fortschreiten der Automatisierung ist zu erwarten, dass diese Entwicklung künftig weiterhin erheblich zunimmt.

Die Computer und Steuergeräte im Auto verarbeiten Daten, welche sie zum Beispiel von Fahrzeug-Sensoren empfangen, selbst generieren oder untereinander austauschen. Einige Steuergeräte sind für das sichere Funktionieren des Fahrzeugs erforderlich, weitere unterstützen beim Fahren, andere ermöglichen Komfort- oder Infotainment-Funktionen. Umso höher der Grad der Automatisierung, desto mehr Daten werden mit Hilfe von Sensortechnik generiert und verarbeitet.

Das folgende Kapitel beschäftigt sich damit, welche Daten in den einzelnen Steuergeräten eines Fahrzeugs erhoben, gespeichert, verarbeitet und übermittelt werden und versucht daraufhin aufgrund des aktuellen Wissenstands diese Informationen auf das autonome Fahren zu projizieren. Des Weiteren werden themenbezogen erste Berührungspunkte mit dem Datenschutz hergestellt.

3.1 Fahrzeugdaten

> Fahrgestellnummer – Füllstand des Tanks – Reifendruck – Parkposition des Fahrzeugs

Bei den Fahrzeugdaten handelt es sich um weitestgehend technische Daten, die ausschließlich das Fahrzeug selbst betreffen. Diese beziehen sich zum Teil ebenfalls auf herkömmliche Fahrzeuggattungen und sind nicht exklusiv für das vernetzte und autonome Fahren von Belang.

3.1.1 Stammdaten

Die Fahrzeugstammdaten, oder auch Typdaten, sind Daten, die ein Fahrzeug eindeutig spezifizieren und sich während dessen Lebenszeit in der Regel nicht verändern. Diese werden größtenteils bereits in der Produktionsstätte festgelegt und sind beispielsweise die Hersteller-Kurzbezeichnung, Typschlüsselnummer, Fahrzeugart, die Anzahl der Sitzplätze oder das zulässige Gesamtgewicht [Kraf1] [Erns06 | S. 28]. Eine Ausnahme ist hier beispielsweise das Kfz-Kennzeichen, welches zumeist einer mehrmaligen Veränderung unterliegt.

Als eine der wichtigsten Angaben der Stammdaten gilt die Fahrzeug-Identifizierungsnummer (Abk. FIN, auch Fahrgestellnummer). Sie ist eine international genormte, 17-stellige Nummer, mit der ein Kraftfahrzeug eindeutig identifizierbar ist. Bei den meisten Fahrzeugen befindet sich diese Nummer, neben der elektronischen Speicherung in Steuergeräten, zumeist eingestanzt am vorderen Teil der rechten Seite des Fahrzeugs. (Art. 59 Abs. 2 StVZO)

Können im Fahrzeug generierte Daten mit dieser FIN oder dem Kfz-Kennzeichen in Verbindung gebracht werden, fallen diese, wie in Kapitel 2.3 beschrieben, unter den Anwendungsbereich des Datenschutzes.

3.1.2 Betriebs- und Zustandsdaten

Haben Daten eine unmittelbare Auswirkung auf die weitere Steuerung und den Betrieb des Motors, oder geben detaillierte Auskunft über den aktuellen Fahrzeugzustand, können diese den „Betriebs- und Zustandsdaten" zugeordnet werden.

Dazu zählen unter anderem Werte wie Flüssigkeitsfüllstände, Betriebstemperaturen, Radumdrehungszahlen, Geschwindigkeit und Beschleunigung, die Luft- und Abgasbeschaffenheit, der Kilometerstand aber auch Störmeldungen der Lichtanlage oder des Bremssystems [Kump17 | S. 9-10] [Smol18].

Für die Aufbewahrung der Daten werden die in Steuergeräten häufig verbauten Datenspeicher genutzt. In der Regel sind diese flüchtig und werden zwar während des Betriebs des Fahrzeugs, aber nicht darüber hinaus gespeichert und nur im Fahrzeug selbst verarbeitet [Smol18]. Diese Verarbeitung erfolgt beispielsweise durch einen stetigen Soll-Ist-Abgleich und ermöglicht dadurch die permanente Aktualisierung von Zuständen. Je nach Fahrzeugvariante können dies z.B. bei einem Elektrofahrzeug der Ladezustand der Hochvoltbatterie und die damit geschätzte Reichweite sein. Weichen die erfassten Daten kritisch vom Sollwert ab, oder soll sich das System einen später relevanten Vergleichswert merken, kann es in bestimmten Fällen auch zu einer dauerhaften Dokumentation der Auswertung kommen [Bmw18a | „Welche Daten können über Sie erhoben werden?"].

Je nach technischer Ausstattung des Fahrzeugs, können die Daten anschließend über verschiedene Kanäle das Fahrzeug verlassen. Die Werkstatt bedient sich in der Regel am Fahrzeugdiagnosesystem OBD um die Daten der Steuergeräte kabelgebunden abzufragen und auszuwerten. Moderne Fahrzeuge besitzen oft bereits eine integrierte Mobilfunkkarte und haben so die Möglichkeit zur direkten Datenübertragung an die Server der Hersteller. Alternativ nutzen manche Bordsysteme

per Bluetooth-Verbindung das Smartphone des Insassen, um über installierte Apps einen Online-Kanal zur Herstellerdatenbank aufzubauen [Stif17 | Heft S. 70-75].
Betrachtete man die Empfehlung der Bundesbeauftragten für den Datenschutz und die Informationsfreiheit (BfDI) zum automatisierten und vernetzten Fahren, ist für den reinen Fahrbetrieb in der Regel gar keine Datenspeicherung erforderlich.

3.1.3 Positionsdaten

Eine zentrale Voraussetzung für das autarke Navigieren eines Fahrzeugs ist die exakte Positionsbestimmung. Die Ermittlung von Positionsdaten gehört daher zu den maßgeblichen Technologien für die Realisierung des autonomen Fahrzeugs [Abel16] [Deut17]. Die folgenden Varianten zur Positionsbestimmung unterscheiden sich nicht nur in der angewandten Technik, sondern auch in der speziell für autonomes Fahren wichtigen Positionsgenauigkeit.

Bei der Positionsbestimmung durch die Funkzellenabfrage, muss sich das Mobilfunksystem des Fahrzeugs oder auch ein Smartphone in einem Funkmast in Reichweite einloggen. Dadurch wird bekannt, in welcher Mobilfunkzelle sich das Fahrzeug befindet. Anschließend kann über ein trianguläres Modell die Funkzelle in Teilsegmente aufgeteilte werden und dadurch die ungefähre Position des Fahrzeugs bestimmt werden [Barc11]. Die Genauigkeit schwankt hier durch unterschiedliche Messverfahren und kann zwischen mehreren Kilometern und wenigen Metern liegen [Tomi13].

Das satellitengestützte System, auch als Global Positioning System (GPS) bekannt, nutz periodische Signale, die in exakten Abständen an die Endgeräte versandt werden. Mit Hilfe der Laufzeit können dort anschließend die Positionskoordinaten ermittelt werden. Die Satelliten selbst empfangen hierbei keine Daten, wodurch GPS den Aufenthaltsort der jeweiligen Empfänger nicht kennt [Schn16]. Dieses Verfahren liefert eine durchschnittliche theoretische horizontale Positionsgenauigkeit von 7,5 Metern [Schn15a]. Das derzeit in der Entwicklung befindliche europäische Pendant zum GPS lautet Galileo und verspricht eine Genauigkeit von 4 Metern [Schn15b].

Betrachtet man die Anforderungen an ein autonomes Fahrzeug, ist die Präzision der oben genannten Techniken jedoch nicht ausreichend. Hier wird eine Genauigkeit mindestens im Dezimeter-Bereich erforderlich. Digitale 3D-Kartenmodelle werden letztlich in Kombination mit den oben genannten Verfahren die Daten liefern, mit denen das autonome Fahrzeug seine aktuelle Position zuverlässig berechnen kann [Haup15].

Positionsdaten werden in den Steuergeräten des Fahrzeugs temporär wie auch dauerhaft gespeichert und dort ebenfalls weiterverarbeitet. Ebenso ist jedoch bekannt, dass diese Daten bereits in vereinzelten vernetzten Fahrzeugmodellen in regelmäßigen Zyklen an das Backend des Herstellers übermittelt werden. Der BMW i3 speichert beispielsweise nicht nur die Positionsdaten der zuletzt benutzten Elektro-Ladestationen, sondern auch die rund 100 letzten Abstellpositionen des Fahrzeugs [Adac16]. Damit weiß der Autohersteller ziemlich genau, wo sich seine Elektromodelle befinden und welche Strecken ihre Besitzer zurücklegen. Aus datenschutzrechtlicher Sicht können bei dieser Vorgehensweise potenzielle Verstöße gegen mehrere Datenschutz-Grundsätze wie z.B. Transparenz, Datenminimierung und Zweckbindung identifiziert werden. Besonders bedenklich wird es, wenn aus Positionsdaten personenbezogene Bewegungsprofile generiert werden. Diese Punkte werden in den weiteren Kapiteln detailliert analysiert.

Unter Beachtung der enormen Wichtigkeit von Positionsdaten für das autonome Fahren, besteht Gefahr, dass diese Ausnahmen zukünftig zur Regel werden könnten.

3.1.4 Datenaggregation

Für die Realisierung erweiterter Funktionen ist es nicht selten notwendig, bereits erfasste Fahrzeugdaten voneinander unabhängiger Zwecke, intelligent miteinander zu verknüpfen. Durch die sogenannte Datenaggregation können relevante Werte generiert werden, die zuvor nicht, oder nur durch erhöhten Aufwand erfasst werden konnten. Dies lässt sich am Beispiel des indirekten Reifendruckmessverfahrens veranschaulichen:

Die indirekte Kontrolle des Reifendrucks verwendet Fahrzeugdaten, die nicht zu diesem Zweck originär erfasst werden. Bei einem Druckverlust verringert sich der Reifenumfang jedes Rades, wodurch sich dieses bei gleichbleibender Geschwindigkeit schneller dreht. Mit Hilfe der vorhandenen Drehzahlsensoren des ABS oder ESP, kann durch einen Soll-Ist-Vergleich eine Abweichung festgestellt werden. Die Reifendruckkontrollleuchte wird daraufhin aktiviert und die Insassen auf die Veränderung hingewiesen. [Kump17 | S. 9-10]. So lange es nicht zur Störmeldung durch Druckverlust kommt, ist eine Datenspeicherung bei diesem Verfahren nicht erforderlich.

3.2 Insassendaten

Sitzplatz im Fahrzeug – Smartphone-Modell – Pulsfrequenz - Körpergröße

Unter der Betrachtung des datenschutzrechtlichen Kontextes, ist es besonders interessant einen Blick auf die Erfassung der Insassendaten zu werfen. Das Zusammenspiel der vielfältigen Sensoren und Informationsgebern im Fahrzeug ermöglichen weitreichende Informationen über Fahrer und weitere Insassen zu gewinnen.

3.2.1 Identifizierung

Komfort- und Entertainmentfunktionen spielen im vernetzten Fahrzeug eine immer wichtigere Rolle und umso höher der Grad der Automatisierung, desto individueller soll die Gestaltung dieser Dienste ausfallen. Um das Angebot perfekt auf die Insassen abzustimmen, ist eine möglichst präzise Identifizierung dieser von erheblichem Vorteil. So kann sich der Passagier nach dem Einsteigen beispielsweise über die perfekte Sitzeinstellung, den gewohnten Radiosender und eine angenehme Klimatisierung freuen. Doch welche Möglichkeiten stehen dem Fahrzeug zur Verfügung, um die Insassen einem gespeicherten Profil zuzuordnen?

Heutige Fahrzeuge besitzen bereits die Möglichkeit, verschiedene Profile pro Fahrzeugschlüssel zu hinterlegen. Nach dem Entriegeln nimmt das Fahrzeug Einstellungen vor, die für diesen Nutzer zuvor hinterlegt wurden. Da die Schlüssel jedoch von verschiedenen Personen genutzt werden können, ist eine eindeutige Identifizierung dadurch nicht möglich. Des Weiteren scheint die Zukunft des klassischen Autoschlüssels ungewiss. Ein Fingerabdruck-Scanner am Türeingang oder ein Irisscanner präsentieren sich hier durchaus praktischer und könnten schon bald in auserwählten Fahrzeugen Verwendung finden [Cont16]. Allgemein ist jedoch festzuhalten, dass es sich bei biometrischen Daten um personenbezogene Daten handelt. Daher ist ihre Erhebung, Speicherung und Verarbeitung nur zulässig, wenn entweder eine gesetzliche Grundlage oder eine datenschutzkonforme Einwilligung des Betroffenen vorliegt. [Bfdi1]

Das Smartphone ist zu unserem ständigen Begleiter geworden, was auch den Automobilherstellern nicht entgangen ist. Einen Passagier durch sein Smartphone zu identifizieren erscheint daher naheliegend. Die Automobilbranche arbeitet bereits am virtuellen Autoschlüssel, der im Smartphone abgespeichert wird und den klassischen Fahrzeugzugang ersetzt [Ippe18]. Der virtuelle Schlüssel wird in der Regel über eine App des Herstellers und das Kundenkonto des Autobesitzers freigeschaltet und als Datensatz verschlüsselt auf dem Smartphone abgelegt. Um das Auto zu entriegeln, muss das Smartphone in die Nähe des Türgriffs gehalten werden. Besonders beim kommerziellen Carsharing scheint dies aufgrund der wechselnden Passagiere sehr zweckmäßig und findet in der Praxis sogar schon seinen Einsatz [Krüg18]. Weitere Möglichkeiten die Passagiere über ihr Smartphone zu identifizieren, entstehen zum Beispiel durch Verwendung derselben Netzzelle wie der Mobilfunkadapter des Fahrzeugs oder durch das Einloggen in das fahrzeugeigenen WLAN.

Eine interessante Variante der Identifizierung stellt Volvo innerhalb seiner Vision 2020 vor [Volv14]. Mithilfe einer neuen Technik auf Basis moderner Sensoren, wird das Gesicht der Insassen vermessen, woraufhin aufgrund des Abstands zwischen verschiedenen Punkten dieser anschließend identifiziert werden kann.

3.2.2 Innenraumüberwachung

Betrachtet man die voranschreitende Entwicklung des Automobils, wird auch der Fahrzeuginnenraum einen Wandel durchleben und mit an Sicherheit grenzender Wahrscheinlichkeit sein heutiges Gesicht verlieren [Schl16].

Sensoren im Innenraum wie Kameras und Temperaturfühler erfassen auf immer detailliertere Weise das Geschehen im Auto [RGJR16 | S. 2]. Über sogenannte Tiefenkameras ist es durch Lichtimpulse möglich, dass Fahrzeuginnere in Echtzeit zu erfassen. Damit entsteht Kenntnis über die Anzahl der Personen, ihre Größe und deren Körperhaltung, woraus sich beispielsweise Rückschlüsse auf deren aktuelle Aktivitäten ziehen lassen [Gros16]. Des Weiteren soll Infrarot-Technik zur Abtastung des Fahrergesichts eingesetzt werden, um eine Müdigkeit des Passagiers und eine damit verbundene verzögerte Reaktionsfähigkeit sowie eine Ablenkungsgeneigtheit festzustellen [Schw18 | S. 12].

Dazu kommen Mikrofone, die sämtliche Gespräche im Innenraum des Fahrzeugs erfassen und diese auf Muster beispielsweise in Sprachgeschwindigkeit, Lautstärke und Rhythmus analysieren. Hierdurch lassen sich bei messbaren Abweichungen neben der Müdigkeit gegebenenfalls auch psychologische Bewertungen der Insassen erstellen [Kump17 | S. 14].

Geht es nach der DS-GVO, unterliegen Daten sowohl dem Zweckbindungsgrundsatz wie auch einer Löschpflicht (Art. 17 DS-GVO). Ist der Zweck der Datenerhebung, in diesem Fall beispielsweise die Ermittlung der Reaktionsfähigkeit des Insassen, nicht mehr erforderlich, müssen diese Daten unmittelbar gelöscht werden. Dazu zählt selbstredend auch das Ergebnis der Ermittlung.

3.2.3 Vitaldatenerfassung

Besonders in den Vorstufen des autonomen Fahrens ist die Erfassung von Vitaldaten eine Möglichkeit, die potenzielle Fahrtauglichkeit der Insassen zu ermitteln. In den USA, Skandinavien und den Niederlanden werden schon heute Systeme eingesetzt, welche bei potenziellen Alkoholsündern die Zündung erst nach einem negativen Alkoholtest freigeben [Oppe13].

Die Technologie findet seinen Ursprung im Telemonitoring, wo bisher durch die Übermittlung von Vitaldaten an einen Arzt eine medizinische Ferndiagnose möglich war. Zukünftig könnte diese Funktion durch die Verwendung von Smartphones in Kombination mit Fitnessarmbändern Einzug in die Mobilität halten. Neben dem Alkoholisierungsgrad wäre es dadurch möglich zahlreiche Vitaldaten, wie Blutzucker, Blutdruck, Gewicht oder Pulsfrequenz zu erheben [RGJR16 | S. 18]. Auch befassen sich bereits Start-up-Unternehmen mit „Smarten Textilien", die mit Hilfe integrierter Microsensoren zusätzliche Aufgaben übernehmen. Neben bereits entwickelten T-Shirts und Betteinlagen, die Vitaldaten erfassen, wäre ebenfalls ein entsprechender Sitzbezug im Auto der Zukunft vorstellbar [medi18] [Nage16].

Inwiefern diese Technologie im autonomen Fahrzeug Einzug findet, ist nach aktuellem Stand schwer zu beurteilen. Denkbar wäre jedoch beispielsweise die Prüfung des Gesundheitszustands der Insassen nach einem Verkehrsunfall zur direkten Übermittlung an ein Notrufsystem. Stets zu beachten ist an dieser Stelle, dass sowohl aktuelle wie auch historische Gesundheitsdaten zu einer besonderen Kategorie der personenbezogenen Daten zählen und deswegen laut DS-GVO speziellen Verarbeitungsbestimmungen unterliegen (Art. 9 DS-GVO). Diese personenbezogenen Daten sind besonders geschützt und ihre Verarbeitung an noch strengere Voraussetzungen geknüpft.

3.3 Umfelddaten und Kommunikation

Das Auto der Zukunft ist ein fahrender Rechner. Besonders viel zu tun bekommt dieser bei der aufwändigen Verarbeitung von Umfelddaten und der Bedienung diverser Kommunikationsschnittstellen. Im Sprachgebrauch der Branche taucht dafür ebenfalls häufig die Bezeichnung „Telematikdaten" auf.

3.3.1 Umgebungswahrnehmung und Kartografie

Das autonome Fahrzeug braucht eine Vielzahl an Sensoren, um die Augen und Ohren des fehlenden Fahrers zu ersetzen. Die maschinelle Wahrnehmung der Umgebung wird durch den Einsatz von Kameras, Wärmesensoren, Radar- und Lidar-Sensoren ermöglicht. Die Informationen, die diese Sensoren liefern, muss das Fahrzeug daraufhin in ein Umgebungsbild umrechnen. Die folgende Darstellung (Abbildung 2) des Automobilherstellers Audi, zeigt die verbauten Sensorfelder zur Umfeldüberwachung an einem aktuellen, teil-automatisierten Model:

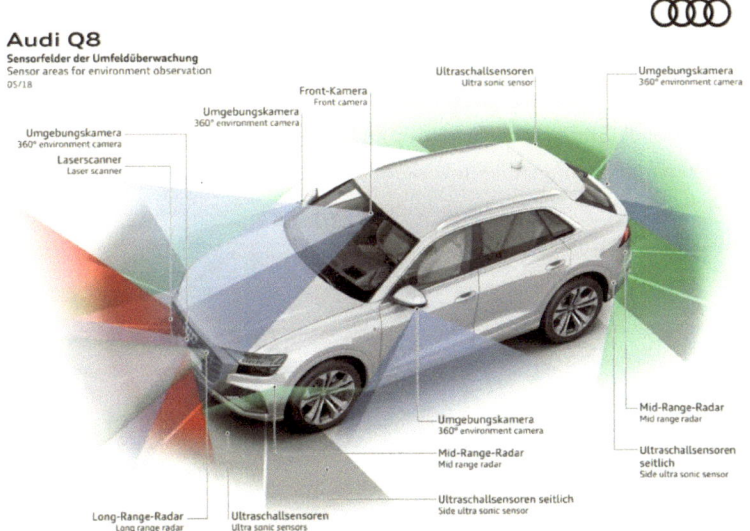

Abbildung 2: Sensorfelder der Umfeldüberwachung [Audi18a]

Durch die sogenannte Sensorfusion werden relevante Daten unterschiedlicher Sensoren intelligent und zeitgleich miteinander verknüpft, wodurch autonomes Fahren erst möglich wird. Ein besonderes Augenmerk wird dabei auf die Funktionssicherheit gelegt. Durch Redundanzen und Plausibilitätsprüfungen, soll eine fehlerhafte Interpretation der Daten zu verhindern werden [Vda17b]. So wird beispielsweise bei Stau oder in städtischer Umgebung der gleiche Sichtbereich von verschiedenen Sensorsystemen überwacht, um bei sicherheitskritischen Manövern stabil reagieren zu können.

Mit den fusionierten Sensordaten lassen sich bewegte und statische Objekte, aber beispielsweise auch Fahrbahnmarkierungen grundsätzlich erkennen und physikalisch vermessen. Für die spätere Situationsbewertung und Situationsvorhersage ist allerdings nicht nur die physikalische Vermessung der Objekte notwendig, sondern auch die Kenntnis darüber, um welche Objektklasse es sich handelt. Beispielsweise unterscheiden sich ein Fußgänger und ein Motorradfahrer in ihren möglichen Bewegungsfreiheitsgraden, wie auch in der zu erwartenden Bewegungsdynamik [MGLW15 | S. 423]. Werden durch die Erfassung anderer Verkehrsteilnehmer personenbezogene Daten generiert, muss an dieser Stelle ebenfalls der Datenschutz berücksichtigt werden.

Um sich selbstständig zurechtzufinden, braucht ein autonomes Fahrzeug weitaus detailliertere Karten- und Navigationssysteme als der Mensch. Das hierfür nötige hochpräzise Kartenmaterial (Beispiel siehe Abbildung 3) braucht mindestens eine Genauigkeit im Dezimeterbereich und muss zusätzlich hochaktuell sein, um vorausschauend auf dem richtigen Weg zu bleiben. Um die Karten auf dem neuesten Stand zu halten, können die im Verkehr befindlichen Fahrzeuge helfen die Qualität und Aktualität permanent zu validieren und gegebenenfalls Korrekturvorschläge zu übermitteln. [Deut17]

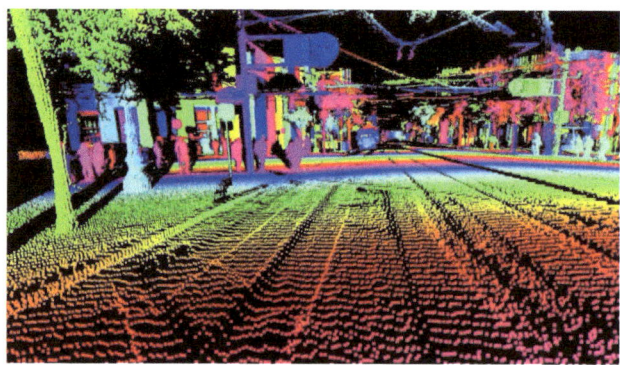

Abbildung 3: HD-Karte BMW [Bmw18c]

3.3.2 Intelligente Vernetzung

Die Anforderungen an die Infrastruktur steigen mit dem Grad der Automatisierung. Wo assistierte Fahrzeuge noch größtenteils auf bordeigene Sensoren zur Umgebungswahrnehmung zurückgreifen, erfordert das autonome Fahren weitreichendere Technologien um sich vollständig fahrerlos fortzubewegen. Diese Vision der intelligenten Mobilität von morgen steht unter dem Stern der Car-to-X Kommunikation. Dieser Themenbereich unterscheidet zwischen der Kommunikation von Fahrzeugen untereinander (Car-to-Car) und der Kommunikation mit Verkehrsteilnehmern und fest installierter Infrastruktur (Car-to-Infrastructure).

Mit Hilfe der Car-to-X-Kommunikation erlangt das Fahrzeug die Fähigkeit, in Sekundenbruchteilen Verkehrsinformationen, etwa über Ampelphasen, Geisterfahrer oder annähernde Baustellen, zu sammeln und sogleich zu verarbeiten. Diese Daten können beispielsweise von vorausfahrenden Fahrzeugen oder Verkehrsleitzentralen übermittelt werden [Vda15 | S. 19]. Die Vernetzung arbeitet eng mit den fahrzeugeigenen Sensoren der Umgebungswahrnehmung und den hochgenauen Karten zusammen und ermöglicht so dem Fahrzeug die Orientierung. Die Beacon-Technologie, bei der kleine Funksender in die nähere Umgebung permanent Datenpakete mit Informationen aussenden, spielt bei der Umsetzung des autonomen Fahrens eine maßgebliche Rolle [Data15] [Czer15]. Das Einsatzgebiet dieser Technologie beschränkt sich jedoch nicht nur auf die Übermittlung von Verkehrsinformationen. Beispielsweise könnte man auch erfahren, wie viele Sitzplätze in einem Restaurant noch frei sind, an dem man gerade vorbeifährt und zusätzlich, ob das nebenstehende Parkhaus noch Kapazität an Stellplätzen bietet.

Die BfDI empfiehlt bei der Kommunikation zwischen vernetzten Fahrzeugen, intelligenten Verkehrssystemen und weiteren datenbasierten Diensten, den Zugang zu personenbezogene Daten auf das tatsächlich notwendige Maß zu beschränken. Damit unterstützt sie den bestehenden Grundsatz der Datenminimierung der DS-GVO (Art. 5 Abs. 1c DS-GVO).

3.3.3 Infotainment und Konnektivität

Insbesondere Zusatzdienste und Funktionen, die über den reinen Fahrbetrieb hinausgehen, sind stark im Kommen und stehen vor allem bei autonomen Fahrzeugen im Fokus. Das Auto vergrößert dadurch sein Potenzial zu einem mobilen Lebensraum, in dem die neu gewonnene Zeit genutzt werden will. Betrachtet man aktuelle Konzepte, kann der Fahrzeuginnenraum sowohl mobiles Wohnzimmer wie auch Büro sein [Auto18] [Yanf17].

Auf Urlaubsreisen soll jeder Passagier sein individuelles Unterhaltungsprogramm genießen können und der Geschäftsreisende will für seinen Kundentermin auf aktuelle Unterlagen zugreifen. Um das zu ermöglichen, ist die Identifizierung des Passagiers von hoher Notwendigkeit. Dazu eignet sich aus aktueller Perspektive das Smartphone des Insassen besonders. Nach der automatischen Verbindung und Authentifizierung werden Musikgeschmack und Lieblingsserien analysiert, oder die Verbindung zum Unternehmensnetzwerk aufgebaut um dem Nutzer daraufhin die gewünschten Dienste zur Verfügung zu stellen.

Softwaresysteme wie beispielsweise myOpel, Skoda Connect und Mercedes Me bieten bereits heute eine Vielzahl an intelligenten Diensten und Apps an, die während der Fahrt umfangreiche Informationen und Entertainmentangebote bieten. Diese Anwendungen stehen jedoch unter dem dringenden Verdacht, nicht sehr sorgsam mit den Daten ihrer Nutzer umzugehen. Die Stiftung Warentest hat diesbezüglich analysiert, dass die übermittelten Datenpakete in vielen Fällen zusätzlich mit der FIN des Fahrzeugs versehen werden, wodurch spätestens an dieser Stelle der Personenbezug und somit die datenschutzrechtliche Relevanz Einzug hält. [Stif17 | Heft S. 70-75].

3.4 Zusammenfassung der Datensituation

Bereits heute sind moderne Fahrzeuge regelrechte Datenkraken. Einige dieser datengenerierenden Prozesse gewährleisten den zuverlässigen Betrieb des Motors, andere sind für die Funktion der vielfältigen Assistenz- und Komfortsysteme erforderlich und müssen für den Betrieb des autonomen Fahrzeugs weiter ausgebaut werden. Erste Hersteller veröffentlichen auf ihren Webseiten beispielhafte Auflistungen der von Fahrzeugen generierten Daten und gewähren somit einen zumindest groben Einblick in deren Verarbeitungsprozesse [Bmw18a]. Eine vollständige Übersicht fehlt derzeit jedoch durchgängig und lässt somit die noch größere Datenvielfalt bei vollständig autonomen Fahrzeugen nur erahnen. Doch woran scheitert es, ein im Straßenverkehr befindliches Fahrzeug detailliert zu analysieren, um dadurch Gewissheit über den Datenaustausch der Hersteller zu erlangen? Laut ADAC benötigt ein Experte zur oberflächlichen Ermittlung der erzeugten Daten bei einem ihm vorher unbekannten Fahrzeug etwa ein halbes Jahr. Grund sind herstellerspezifische Protokollsprachen, die er ohne Hersteller-Unterstützung wie eine fremde Sprache lernen muss [Adac17]. Aufgrund der komplexeren Verarbeitungsprozesse, kann bei einem autonomen Fahrzeug von einer zusätzlichen Erhöhung dieser Analysedauer ausgegangen werden.

Aber selbst, wenn es gelingen würde den Datenverkehr offen zu legen, bliebe immer noch die Frage nach dem Zweck der Erhebung. Warum beispielsweise BMW die Zahl der elektromotorischen Gurtstraffungen, etwa aufgrund zu starken Bremsens, speichert, bleibt somit wohl vorerst Geheimnis des Herstellers [Adac16].

4 Interessenslage der Akteure

Vorbei sind die Zeiten, in denen das Auto nach dem Kauf nur aus dem Verbund zwischen Fahrer und Fahrzeug bestand. Mit steigender Vernetzung treten immer mehr Akteure in den digitalen Ring, um ihr Begehren an den „neuen" Datenschätzen zu verkünden. In diesem Gefecht darf jedoch vor allem das Interesse der Betroffenen nicht aus den Augen verloren werden.

4.1 Hersteller, Händler und Werkstätten

„Guten Morgen Herr Müller. Bei Ihrem Auto sind die hinteren Bremsbeläge abgenutzt. Sollen wir direkt einen Wartungstermin vereinbaren? Auf Ihrer täglichen Route befindet sich sogar eine geeignete Vertragswerkstatt. Und dann hätten wir auch noch ein interessantes Winterreifen-Angebot für Sie."

So ähnlich könnte das unaufgeforderte Kundentelefonat der Zukunft mit dem Service-Callcenter eines Automobilherstellers klingen. Die Möglichkeiten der Datennutzung sind nahezu grenzenlos und ermöglichen neue Wirtschaftszweige zu erschließen und bestehende auszubauen. Besonders die Hersteller mit Ihren Verkaufsstätten und Vertragshändlern können von diesen Datenmassen erheblich profitieren.

4.1.1 Fahrzeugoptimierung und Innovation

Fahrzeughersteller stehen im ständigen Wettlauf mit der Konkurrenz und müssen zusätzlich regelmäßig wechselnde staatliche Auflagen, wie beispielsweise den CO_2-Grenzwert [Verk18], erfüllen. Zusätzlich wünschen sie sich eine Vorreiterrolle auf dem schwer umkämpften Markt der vernetzten und autonomen Fahrzeuge.

Hier ist es natürlich von entscheidendem Vorteil, wenn detaillierte Informationen verschiedener Art über die bereits im Verkehr befindlichen Fahrzeuge vorliegen. Diese Daten könnten sich, sofern sie echtzeitnah zum Hersteller gelangen und dort entsprechend ausgewertet würden, zu einem wahren Mehrwert entwickeln. Denn nur auf der Straße zeigt sich, was eine Komponente tatsächlich leistet und wo ihre Schwachstellen liegen. So kann zum Beispiel die Ursache eines frühzeitigen Verschleißes schneller lokalisiert werden, um das Fahrzeug zum Austausch in die Werkstatt zu rufen, bevor es zur ärgerlichen Panne kommt [RüLi16]. Die analysierten Optimierungen können daraufhin in neue Modellreihen des Herstellers einfließen, oder direkt per Softwareupdate an bereits bestehende Fahrzeuge verteilt werden.

Wie ein Beispiel aus den USA zeigt, kann der Hersteller die gesammelten Echtzeitdaten aber auch gegen die betroffenen Fahrzeugnutzer verwenden. Ein Tesla-Kunde behauptete, sein Model S sei nach dem Parken selbstständig gegen einen Anhänger gefahren und warf dem Hersteller Versagen vor. Tesla konnte jedoch über die Ereignisprotokolldatei des Fahrzeugs herausfinden, dass der Fahrer eine Assistenz-Funktion nicht ordnungsgemäß verwendet hatte und wies den Vorwurf damit zurück [Zieg16].

4.1.2 Fahrsicherheit

Die Sicherheit eines Fahrzeugs spielt bei der Kaufentscheidung des Kunden eine maßgebliche Rolle. Laut einer Studie liegt dieser Aspekt als Kriterium beim deutschen Kunden sogar vor dem Design des Fahrzeugs [Aral17]. Hersteller verbessern daher stetig die Technik, um insbesondere Unfälle mit Personenschaden zu verhindern [Zhan17].

Die Liste der moderne Lebensretter ist bereits im nicht-autonomen Umfeld lang. Neben dem Totwinkel-Assistent, der den Autofahrer beim Spurwechsel warnt, wenn sich im toten Winkel des Außenspiegels ein anderes Fahrzeug befindet, zählt auch der Nachtsicht-Assistent zu einer der bereits etablierten Technologien im Sicherheitsumfeld. Hier bedient sich der Hersteller an Militär-Technik um mit Hilfe einer Infrarotkamera die Wärmestrahlung, zum Beispiel eines Fußgängers, einzufangen und auszuwerten.

Da der Fahrer beim autonomen Fahren fehlt, bekommt der Sicherheitsaspekt hier eine andere Bedeutung. Auch wenn davon ausgegangen wird, dass die Unfallzahlen erheblich sinken werden, müssen die Passagiere geschützt werden. Ein Beispiel für die erhöhte Sicherheit durch Sensorik ist die Optimierung und Steuerung des Airbag-Verhaltens nach einer Körpervermessung der Fahrzeuginsassen. Durch die nach außen zugänglichen Daten-Schnittstellen, kann die Sicherheit des vernetzten Fahrzeugs jedoch zukünftig schnell unter dem steigenden Risiko von Angriffen auf das Fahrzeugsystem leiden.

4.1.3 Fahrzeugkomfort

Die gesellschaftliche Akzeptanz gilt als eine der größten Hürden des autonomen Fahrens [MGLW15 | S. 641-651]. Um dem Abhilfe zu verschaffen, bewerben Hersteller in erster Linie den, durch das Wegbleiben der Fahraufgabe, entstehenden Komfortgewinn. Die Zeit im Auto kann frei genutzt werden. Zum Beispiel, um die vorbeiziehende Landschaft zu genießen, zu lesen oder zu arbeiten. Doch die

Ansprüche steigen und werden individueller. Umso positiver das Angebot zur Gestaltung der Freizeit im Fahrzeug wahrgenommen wird, umso besser kann sich der Hersteller auf dem umkämpften Markt platzieren [Kemm17].

Diese Anforderung beginnt bereits bei den Vorstufen des autonomen Fahrens und nimmt mit dem Grad an Automatisierung zu. Um den Fahrgast zu erkennen, ist dementsprechend eine eindeutige Authentifizierung am Fahrzeug oder beispielsweise die Verbindung mit dem Smartphone notwendig. Damit dieses Konzept auch mit verschiedenen Fahrzeugen funktioniert, beispielsweise beim Carsharing, muss der Hersteller oder andere Dritte die womöglich personenbezogenen Daten auf einem zentralen Online-Speichersystem zwischenspeichern können, beispielsweise in einer Cloud.

4.1.4 Servicedienstleitungen

Um den wachsenden Ansprüchen der Fahrzeugnutzer gerecht zu werden und auch um neue Geschäftsfelder zu erschließen, arbeiten Hersteller, Händler und Werkstätten intensiv an ihrem wachsenden Kontingent an Servicedienstleistungen. Diese finden bereits in heutigen teil-automatisierten Fahrzeugen Einzug und werden beim autonomen Fahren mindestens eine ähnliche Präsenz erhalten.

Aus Sicht der Vertragshändler und Werkstätten, besteht die Möglichkeit mithilfe ausgewerteter Fahrzeugdaten, zusätzlich individuelle Serviceverträge bzw. Reparaturangebote zu gestalten, um den Kunden daraufhin an sich zu binden. Darüber hinaus können beispielsweise personenbezogene Daten über das Nutzungsverhalten auch Hinweise bezüglich einer Fahrzeugneuanschaffung und entsprechende Dispositionen ermöglichen. Auch Werbemitteilungen können situationsabhängig direkt an das Bordsystem übermittelt werden – sei es im Hinblick auf fahrzeugbezogene Dienstleistungen und Produkte des Herstellers und seiner Vertragspartner oder auf Angebote Dritter, denen der Hersteller den Zugang zum Fahrzeugnutzer vermittelt [Vbw18 | S. 8].

Zusätzlich etabliert sich auch das After-Sales Modell immer mehr in der Automobilbranche. Dabei werden die Möglichkeiten ausgeschöpft, auch nach dem Verkauf des Fahrzeugs z.B. über Software-Services, weiterhin Umsatz zu generieren. Vor allem die größeren Hersteller wie BMW, Mercedes und Audi bedienen sich an dieser Methode und bieten eine wachsende Liste an Apps und Services rund um das Fahrzeug zum Verkauf an [Audi18b]. Wer zum Beispiel in Echtzeit über die aktuelle Verkehrslage informiert und vor Staus gewarnt werden möchte, muss in einem Abonnement bei BMW ab 8 Euro im Monat bezahlen [Bmw18b]. Updates müssen jedoch nicht immer etwas kosten. Im Mai 2018 verteilte beispielsweise Tesla an sein Modell 3 ein kostenloses Firmware-Update, um den Bremsweg daraufhin in bestimmten Situationen um bis zu 6 Meter zu verbessern [Dona18] [Rube18].

4.2 Herstellerunabhängige Dienstleister

Auch herstellerunabhängige Dienstleister haben vielfältige Verwendungsmöglichkeiten für die Datenbestände der vernetzten Mobilität. Folgend werden einige dieser Akteure kurz vorgestellt.

4.2.1 Versicherungen

Nach dem Motto „Pay as you drive" bieten inzwischen zahlreiche Kfz-Versicherungen einen fahrstilabhängigen Tarif zur Beitragsberechnung an. Mit ihm kommt es zu einer neuen Form der Datenerhebung im Alltagsleben. Über eine im Fahrzeug nachträglich installierte Box, der Telematikbox, oder mithilfe einer Smartphone-App, werden Daten wie Geschwindigkeit, Beschleunigung und Bremsverhalten gesammelt und dabei das aktuelle Fahrverhalten gemessen [Alli1] [Huk1].

Blickt man jedoch in die Zukunft, könnten die Kfz-Versicherer durch das autonome Fahren ihre Geschäftsgrundlage verlieren. Die Rechnung ist simpel: Je besser die Technik selbstständiger Autos funktioniert, desto weniger Unfälle wird es geben. Es ist davon auszugehen, dass die Schadensfrequenz stark abnimmt und sich durch sinkende Versicherungsprämien das Geschäftsvolumen drastisch reduziert. Die Versicherungsgesellschaft Swiss Re rechnet damit, dass die Zahl der Unfälle in den kommenden 20 Jahren um mehr als 70 Prozent zurückgehen wird [BeFr16].

Wirft man aber einen Blick auf die Krankenversicherungen, könnten sich durch die neuen Technologien interessante Möglichkeiten bieten. Im Fahrzeug generierte Daten zum Fahrverhalten oder persönliche Vitalwerte, könnten sich ebenfalls nach Weitergabe in einem ähnlichen Model wie bei den Kfz-Versicherungen auf die Tarifberechnung auswirken.

4.2.2 Verkehrsleitzentralen, Staumelder und Wetterdienste

Durch den technischen Fortschritt, kann das Auto als rollende Sensorplattform ständig Daten sammeln und verschicken. Dazu zählen beispielsweise neben der Position und Geschwindigkeit auch der aktuelle Straßenzustand, das lokale Wetter und die Belegung von Parkplätzen am Straßenrand [BeFr16]. Diese Daten sind für Verkehrsleitzentralen, Staumelder und Wetterdienste von enormer Bedeutung, um zuverlässige Auswertungen in Echtzeit erstellen zu können. So kann beispielsweise die Navigationsroute aufgrund glatter Fahrbahn auf einem Streckenabschnitt modifiziert werden, oder die Fahrtgeschwindigkeit aufgrund eines bevorstehenden Schlaglochs einer Neuberechnung unterzogen werden.

Damit diese Informationen möglichst präzise ausfallen, ist jedoch die Erhebung von Daten ganzer Fahrzeugschwärme zwingend erforderlich.

4.2.3 Carsharing und Personenbeförderung

Ein Privatfahrzeug steht heutzutage im Durchschnitt mehr als 23 Stunden am Tag ungenutzt herum [Berg14]. Diese Zahl ist bemerkenswert und regt zum Nachdenken an. Es gibt jedoch bereits einige Konzepte, wie diese Leerlaufzeiten durch geschickte Organisation vermieden werden können.

Carsharing wird immer beliebter, gerade in Ballungsräumen. Betrachtet man die Aspekte der Wirtschaftlichkeit, macht diese Entwicklung durchaus Sinn. Eine Studie im Auftrag des Kreisverwaltungsreferates ergab, dass jedes Carsharing-Auto in München etwa drei Privatfahrzeuge ersetzt [Drax16]. Ein autonomes Carsharing-Fahrzeug der Zukunft könnte nahezu rund um die Uhr in Bewegung sein. Die Voraussetzung dafür ist jedoch eine optimale Steuerung autonomer Carsharing-Flotten. Diesem Modell der „Shared Mobility" wird eine große Nachfrage vorhergesagt, erfordert jedoch die Erhebung und Verarbeitung zahlreicher Daten rund um das Fahrzeug und dessen Nutzer. Aktuelle Untersuchungen zeigen, dass bei der Benutzung von Carsharing mindestens temporär ein nahezu umfassendes Bewegungsprofil über das Fahrzeug erzeugt wird. Dieses lässt sich daraufhin dank des digitalen Buchungssystems unmittelbar mit dem Fahrer verknüpfen [Inte17a].

Durch die Entwicklungsfortschritte beim autonomen Fahren scheint die Zukunft des Taxifahrers, wie auch des Busfahrers ungewiss. Der Wegfall dieser Berufsgattungen könnte jetzt schon schneller zur Realität werden als gedacht. General Motors plant bereits 2019 den Einsatz von Roboter-Taxis und rechnet bis 2025 mit einem Marktvolumen von mehreren hundert Milliarden Dollar. Mit diesem Zeitplan übt das Unternehmen starken Druck auf seine Konkurrenten Daimler, Uber und Renault aus [Zeit17]. Auch in den Bereich des autonomen Linienverkehrs kommt Bewegung. Die Südwestdeutsche Landesverkehrs-AG schickte einen autonom fahrenden Bus bereits im Juli 2018 in den Straßenverkehr. Dieser steuert zwar nur zwei Haltestellen der Stadt Lahr an, bewegt sich jedoch vollständig auf öffentlichen Straßen [Herm18]. Mit einer maximalen Geschwindigkeit von 15 km/h ist er zwar nicht wirklich schnell unterwegs, übersteigt aber dennoch den aktuellen gesetzlichen Grenzwert von 10 km/h + 20% (siehe Kapitel 2.1).

4.2.4 Logistik- und Transportbranche

„Autonome und automatische Fahrzeuge werden den Straßen- und Schienenverkehr in Zukunft revolutionieren." [ScKe15] Da ist sich zumindest das Fraunhofer-Institut für Materialfluss und Logistik sicher. Für die Logistik- und Transportbranche bedeutet dies eine Neustrukturierung ihrer Organisation und der bestehenden Abläufe. In einer Studie, die das Jahr 2026 simuliert, gliedert sich der LKW automatisch in eine Platoon ein – eine Art Güterzug aus Lastwagen – und folgt daraufhin mit einem Abstand von 10 bis 15 Metern einem Lastzug an der Spitze. Durch synchronisierte Gas-, Brems- und Lenkeingriffe der Platoon-Partner, kann sich der Berufskraftfahrer während der Fahrt auf Büroarbeiten konzentrieren und wird dadurch mehr und mehr zum Logistikmanager [Bosc16]. Durch die erhöhte Auslastung des Personals und den verbesserten Verkehrsfluss, ist mit Einsparungen in der gesamten Branche zu rechnen. Dies kann im Endstadium des autonomen Fahrens natürlich soweit führen, dass der Mensch im Transportfahrzeug seine vollständige Daseinsberechtigung verliert.

4.2.5 Sonstige Dienstleister

Insbesondere neuen Akteuren auf dem Mobilitätsmarkt, wie z.B. Google und Apple, geht es vorrangig darum, das Auto als Plattform zu erschließen. Daraus erhoffen sie sich neue Interaktions- und Vertriebsmöglichkeiten mit einem höheren Skalierungspotenzial. Während der Verkauf eines Autos nur einmalig alle etwas fünf bis sieben Jahre Umsätze generiert, können ergänzende Produkte und Dienstleistungen über den gesamten Lebenszyklus des Fahrzeugs hinweg abgesetzt werden. Speziell im autonomen Fahrzeug, können die Dienstanbieter mit der vollen Aufmerksamkeit des Passagiers rechnen. [Vbw18 | S. 5]

Die neuen Potenziale beflügeln hier regelrecht den Markt der Drittanbieter. Harmans, ein Unternehmen der Samsung-Gruppe, beschäftigt sich mit dem zunehmenden Interesse an Wellness und persönlichem Lifestyle im Fahrzeuginneren und erreicht mit dem System „Moodscape" eine neue Dimension des Individualismus. Auf dem Weg zu einem Meeting, zu einer Party oder ins Fitnessstudio nutzt die Software Techniken wie biometrische Analysen, GPS und die Kalendersynchronisation, um die Musikausgabe daraufhin auf den aktuellen Aufenthaltsort, den Zeitplan und den Erschöpfungsgrad der Insassen anzupassen [Harm18].

4.3 Fahrzeugnutzer und Verkehrsteilnehmer

Bevor personenbezogene Daten auf verschiedenste Art und Weise genutzt werden können, müssen diese zuerst in Verbindung mit einem Fahrzeugnutzer generiert werden. Auch andere Verkehrsteilnehmer kommen während der Nutzung gezwungenermaßen in den Fokus der am Fahrzeug angebrachten Sensortechnik. Die Interessen von Fahrzeugnutzer und anderer Verkehrsteilnehmer dürfen keinesfalls auf der Strecke bleiben und erfordern besonderer Betrachtung.

4.3.1 Fahrzeuginsassen

Beim autonomen Fahren ergeben sich für die Fahrzeuginsassen in der Rolle des Passagiers einige Vorteile, da sie selbst für die Fahraufgabe nicht mehr verantwortlich sind. So sind beispielsweise ältere Menschen wesentlich länger mobil und können am gesellschaftlichen Leben teilnehmen. Ähnlich sieht es bei jüngeren Menschen aus, die selbst noch kein Fahrzeug steuern dürfen, wodurch die Zukunft des Führerscheins ungewiss werden könnte. Technologieforscher aus dem Silicon Valley behaupten sogar, der letzte Führerscheinneuling wäre bereits geboren [Herg17]. Was die Freizeitgestaltung im autonomen Fahrzeug betrifft, zeichnen sich eindeutige Trends ab, die von den Bereichen Arbeiten, Relaxen und Unterhaltung dominiert werden [Herr18]. Auch die erhöhte Sicherheit wird mit Wohlwollen aufgenommen. Wie steht es jedoch um den Datenschutz der Hauptbetroffenen?

Die Auswertung der während der Fahrt gesammelten Daten, kann die Privatsphäre der Insassen massiv beeinflussen. Über die in Kapitel 3 vorgestellten technischen Möglichkeiten, ergeben sich zahlreiche Varianten der Datenerfassung. Besonders kritisch wird es, wenn Bewegungs- und Verhaltensprofile erstellt werden, die Rückschlüsse auf eine oder mehrere Personen ermöglichen. Wer den Aufenthaltsort eines Fahrzeugs verfolgt, kennt in der Regel nicht nur den Wohnort und den Arbeitsplatz des Insassen, sondern beispielsweise auch dessen Lieblingsrestaurant, die Regelmäßigkeit von Fitnessbesuchen, oder mit wem er sich regelmäßig trifft.

BMW veröffentlicht in seinem Telematikdatenkatalog vom April 2018, dass in machen Modellen des Herstellers Fahrstilbewertungen über vorausschauendes Fahren und das Beschleunigungsverhalten erstellt und versandt werden. Mithilfe der empfangenen Daten errechnet das System anschließend eine Bewertung von 0 - 5 Sternen und speichert diese ab (Details dazu im Kapitel 6.1 Transparenz). Dieser Bewertung kann zwar beim autonomen Fahren nicht mehr stattfinden, jedoch gibt der freizügige Umgang mit personenbezogenen Daten zu denken.

4.3.2 Andere Verkehrsteilnehmer

Durch die Erfassung von Umfeldaten werden andere Verkehrsteilnehmer, ob motorisiert oder nicht, beispielsweise durch am Fahrzeug installierten Kameras aufgezeichnet. Sensoren können etwa die Geschwindigkeit des vorausfahrenden Motorrads ermitteln, oder eine Person und dessen Laufrichtung am Straßenrand erkennen.

Aus dem Blickwinkel der Sicherheit, welche durch autonomes Fahren einen Anstieg zu erwarten hat, ist das Interesse am Schutz des Lebens und der körperlichen Unversehrtheit anderer Verkehrsteilnehmer zu berücksichtigen. Dieses Interesse sollte jedoch nicht im Konflikt mit dem Datenschutz stehen.

4.4 Sonstige Interessenten

Laut einer aktuellen Studie vom Juli 2018 hat auch der deutsche Staat großes Interesse an einem zügigen Vorantreiben der Entwicklungen im Bereich des autonomen Fahrens. Das Wirtschafts- und Verkehrsberatungsunternehmen KE-Consult prognostiziert dabei für das Jahr 2030 monetäre Einsparungen in Höhe von jährlich rund 8,3 Milliarden Euro. Diese sind zum Beispiel zurückzuführen auf Kraftstoff- und Betriebskostenersparnisse, Sicherheitsgewinne und eine Entlastung der Großstädte durch verbesserte Regionsanbindung [EsKu18].

Auch weitere staatliche Stellen haben Interesse an den durch Automobile generierten Daten angekündigt. Durch die Erstellung von Bewegungs-, Kommunikations- und Beziehungsprofilen können Präferenzen und Gewohnheiten abgelesen werden, die beispielsweise bei der Strafverfolgung für Polizei und Gerichte von hohem Nutzen sind. Ebenfalls könnte eine verbaute Blackbox zur Unfalldatenspeicherung, ähnlich wie der Flugschreiber in der Luftfahrt, bei der Aufklärung von fraglichen Verkehrssituation wertvolle Informationen liefern. In der Praxis findet diese Vorgehensweise bereits Anwendung. So wurde im Jahr 2016 ein Kunde des Carsharing-Anbieters Drive Now nach einem schweren Unfall vom Kölner Landgericht zu 33 Monaten Haft verurteilt. Die entscheidenden Beweise für den Vorwurf der fahrlässigen Tötung lieferte letztendlich der Datenschreiber des vernetzten Carsharing-Fahrzeugs. Nach Aufforderung durch das Gericht, stellte der Fahrzeughersteller die notwendigen Sensor-Daten wie Geschwindigkeit und die gefahrene Wegstrecke zur Verfügung. [Beck16]

Auch der Umweltschutz könnte Interesse an der Vernetzung von Fahrzeugen und der Infrastruktur haben. Hat man beispielsweise Zugriff auf die Bewegungsdaten von Fahrzeugen, wäre es vorstellbar mithilfe des Informationsgehalts, ein System zur Steuerung intelligenter Ampelschaltungen zu betreiben. Durch diese Technik besteht die Aussicht, den Verkehrsfluss zu fördern und die Umweltbelastung durch Verminderung von Ressourcenverbrauch, Abgasen und Lärmbelästigungen zu reduzieren [Schw18 | S. 47]. Laut dem Deutschen Industrie- und Handelskammertag können die CO_2-Emissionen dabei bis 2030 sogar um 6,2 Millionen Tonnen verringert werden, was dem Ausstoß einer Großstadt mit 700.000 Einwohnern pro Jahr entspricht [Wans18].

Zudem kann durch Fortschritte in der Verkehrsstromoptimierung ebenfalls die Attraktivität eines Wirtschaftsstandortes gefördert werden. Eine gute Infrastruktur und ein schneller Verkehrsfluss gelten für viele Unternehmen als wichtige Rahmenbedingungen und können die Entwicklung der Wirtschaft und vor allem des Arbeitsmarktes positiv beeinflussen [Schw18].

4.5 Zusammenfassung der Interessenslage

Die Vernetzung der Mobilität verspricht dem Autofahrer unter anderem Sicherheits- und Komfortgewinn. Am meisten profitieren bislang jedoch andere, wie beispielsweise Fahrzeughersteller und Drittanbieter, von der neuen Technik. Wie sich dieser Trend auf dem kurvigen Weg zum autonomen Fahren weiterhin verhält, bleibt ungewiss und weckt Ängste bei vielen Verbrauchern [Mort17]. Mit der Einführung der EU-Datenschutz-Grundverordnung besteht jedoch Hoffnung, dass den Freiheiten im Umgang mit Daten letztendlich eindeutige Grenzen gesetzt werden. Diese datenschutzrechtlichen Grenzen und deren Einhaltung werden im Folgenden näher betrachtet.

5 Detailanalyse der EU-Datenschutz-Grundverordnung

Nachdem nun bekannt ist, welche möglichen Datenquellen und Akteure rund um das autonome Fahrzeug bestehen, soll im nächsten Schritt die Rolle der EU-Datenschutz-Grundverordnung analysiert und aufgeklärt werden.

5.1 Anwendungsbereich

Die EU-Datenschutz-Grundverordnung dient primär dem Schutz des Einzelnen gegen die Gefährdung seiner Persönlichkeitsrechte bei der Verarbeitung personenbezogener Daten. Um den sachlichen Anwendungsbereich klar zu definieren, verwendet die DS-GVO folgende Formulierung:

„Diese Verordnung gilt für die ganz oder teilweise automatisierte Verarbeitung personenbezogener Daten sowie für die nichtautomatisierte Verarbeitung personenbezogener Daten, die in einem Dateisystem gespeichert sind oder gespeichert werden sollen". (Art. 2 Abs. 1 DS-GVO)

Die Datenverarbeitungen im vernetzten und somit auch im autonomen Fahrzeug fallen damit unter den Anwendungsbereich der Verordnung.

Insbesondere der räumliche Anwendungsbereich des europäischen Datenschutzes wurde mit dem Inkrafttreten der DS-GVO wesentlich erweitert und trägt damit dem Voranschreiten der wirtschaftlichen Vernetzung in der EU Rechnung. Dieser wird in Art. 3 DS-GVO geregelt und ist deutlich weiter gefasst als in der bisherigen Datenschutzrichtlinie 95/46/EG.

Die DS-GVO erweitert dadurch den räumlichen Anwendungsbereich auf die folgenden drei Verarbeitungsmöglichkeiten:

1. bestimmte Verarbeitungen durch EU-Niederlassungen, unabhängig davon, wo die Verarbeitung erfolgt und welche Personengruppen betroffen sind
2. bestimmte Verarbeitungen durch Nicht-EU-Niederlassungen, wobei in diesem Fall Personen betroffen sein müssen, die sich in der Union befinden
3. im Falle einer Datenverarbeitung in diplomatischen oder konsularischen Vertretungen eines Mitgliedstaats

Ein Unternehmen muss seinen Sitz somit nicht unbedingt in der EU haben, damit die DS-GVO greift. Insofern sind personenbezogene Daten auch außerhalb der EU geschützt. Ob dies jedoch von Firmen, die ihren Sitz nicht in der EU haben, auch so gehandhabt wird und ob bei Verfehlungen eine Rechtsverfolgung überhaupt umsetzbar ist, werden die ersten Praxisfälle der Zukunft zeigen.

5.2 Personenbezogene Daten

Der Begriff „personenbezogene Daten" ist das Eingangstor zur Anwendbarkeit der EU-Datenschutz-Grundverordnung und wird in Art. 4 Abs. 1 Nr. 1 geregelt. Demnach sind dies alle Informationen, die sich auf eine identifizierte oder identifizierbare natürliche Person beziehen, kurz gesagt: alle Daten, die Rückschlüsse auf eine natürliche Person zulassen und somit dieser zugeordnet werden könnten. Dazu zählen beispielsweise Informationen wie die Telefonnummer, Kontodaten, eine IP-Adresse aber auch das Kfz-Kennzeichen oder die FIN eines betroffenen Fahrzeugs [VdDs16]. Die „European Automobile Manufacturers Association" beschäftigt sich ebenfalls mit verschiedenen Datenschutzprinzipien für vernetzte Fahrzeuge und legt unter anderem folgendes fest: „Soweit wir personenbezogene Daten mit anderen Informationen kombinieren, behandeln wir diese Daten als personenbezogene Daten, solange sie kombiniert bleiben." (wörtliche Übersetzung aus [ACEA15 | S. 3]).

Im Umkehrschluss sind nicht-personenbezogene Daten beispielsweise anonymisierte Daten oder sonstige Daten, die keine Rückschlüsse auf eine natürlüberiche Person ermöglichen.

5.3 Informationspflicht

Damit Unionsbürger ihr Recht auf Schutz personenbezogener Daten wahrnehmen können, bedarf es Transparenz bei der Datenerhebung und -nutzung. Aus diesem Grund sieht die EU-Datenschutz-Grundverordnung eine Vielzahl von Informationspflichten vor. Da im Rahmen des autonomen Fahrens die Daten nicht direkt bei der betroffenen Person erhoben werden, liegt das Hauptaugenmerk im Bereich der Informationspflichten auf dem Art. 14 DS-GVO. Ist der Betroffene nicht im Besitz der folgend genannten Informationen, ist dieser innerhalb einer angemessenen Frist, spätestens aber nach einem Monat zu informieren.

Demnach steht der Verantwortliche, also z.B. der Hersteller oder die Werkstatt, in der Pflicht, Informationen wie beispielsweise seinen Namen mit Kontaktdaten, die Kontaktdaten des Datenschutzbeauftragten, den Zweck der Verarbeitung inklusive Rechtsgrundlage oder die gegebenenfalls vorliegende Absicht der Datenweitergabe an Dritte, an den Betroffenen weiterzugeben. Um eine faire und transparente Verarbeitung zu gewährleisten, müssen zu diesen Informationen ebenfalls die Dauer der Speicherung mit den berechtigten Interessen mitgeteilt werden. Des Weiteren muss der Betroffene über sein Auskunftsrecht, Möglichkeiten auf

Berichtigung und Löschung und das Recht auf Einschränkung wie auch Widerspruch der Verarbeitung personenbezogener Daten informiert sein.

Neben weiteren Informationspflichten, werden unter Art. 14 Abs. 5 DS-GVO auch fallspezifische Ausnahmen aufgeführt. Dazu zählt auch die Befreiung von der Informationspflicht, sollte dies einen unverhältnismäßigen Aufwand erfordern. Diese könnte beispielsweise bei der Erfassung von Personen im Fahrzeugumfeld durch Sensoren Anwendung finden.

5.4 Einwilligung

Die EU-Datenschutz-Grundverordnung führt den bisher nach Richtlinie 95/46/EG geltenden Grundsatz des Verbots mit Erlaubnisvorbehalt fort. Datenverarbeitungen sind demnach generell verboten, es sei denn es liegt ein gesetzlicher Erlaubnistatbestand oder eine Einwilligung der betroffenen Person vor. Dadurch schließt die DS-GVO zunächst sinnbildlich alle Türen, um anschließend einzelne wieder zu öffnen. Grundsätzlich gilt das Prinzip, dass eine Einwilligung freiwillig und ohne jeden Zwang abgegeben werden muss. (Art. 6, Art. 7, Erwägungsgrund 43 DS-GVO)

Des Weiteren ist über das Erfordernis der Informiertheit (Art. 4 Abs. 11 DS-GVO) geregelt, dass die betroffene Person deutlich verstehen muss, welche personenbezogenen Daten zu welchem Zweck und von wem verarbeitet werden. Die verantwortliche Stelle wie auch alle Zwecke müssen somit ausdrücklich genannt werden, damit der Betroffene die Tragweite seiner Entscheidung vorhersehen kann.

Das Einverständnis zur Verarbeitung muss außerdem eindeutig zum Ausdruck kommen. Dieser Grundsatz bedeutet das Ende von Opt-Out-Wahlmöglichkeiten – vorangekreuzte Datenschutz-Zustimmungen gehören damit also der Vergangenheit an und werden von der Opt-In-Lösung abgelöst. Für den Betroffenen wird es dadurch zur Notwendigkeit die Einwilligung aktiv und bewusst gegenüber dem Verantwortlichen zu erteilen. Darüber hinaus muss die betroffene Person ebenfalls ausdrücklich und in einfacher und verständlicher Sprache auf ihr Recht hingewiesen werden, dass sie ihre Einwilligung jederzeit mit Wirkung für die Zukunft widerrufen kann (Art. 7 Abs. 3 DS-GVO).

Neu in der DS-GVO ist die fehlende Formerfordernis für die Einwilligung. Auch wenn die schriftliche Einwilligung aufgrund der Rechenschaftspflichten des Verantwortlichen weiterhin empfehlenswert erscheint, kann die Einwilligung somit auch in elektronischer Form erfolgen.

5.5 Datenmaskierung

Die Begriffe Pseudonymisierung und Anonymisierung spielen im Bereich des Datenschutzes eine wichtige Rolle, da durch diese Formen der Betroffenenmaskierung die theoretische Möglichkeit besteht, den Schutzbedarf personenbezogener Daten zu reduzieren.

5.5.1 Anonymisierung

Bei der Anonymisierung geht es zusammenfassend um das Verändern personenbezogener Daten derart, dass Einzelangaben nicht mehr bestimmten oder bestimmbaren natürlichen Person zugeordnet werden können (§3 Abs. 6 BDSG). Abbildung 4 soll dies an einem Beispiel erläutern:

Alexander Müller, FIN: ABC123, hat auf der Koordinate N46° E08° um 06:33 Uhr am 03.06.2018 die erlaubte Geschwindigkeit um 14,6 km überschritten.	Der Fahrer hat auf der Koordinate N46° E08° um 06:33 Uhr am 03.06.2018 die erlaubte Geschwindigkeit um 14,6 km überschritten.
Personenbezogene Daten	**Anonymisierte Daten**

Abbildung 4: Anonymisierte Daten (eigene Darstellung)

Überraschenderweise findet die Anonymisierung keine konkrete Nennung mehr in der EU-Datenschutz-Grundverordnung und kann nur noch im Erwähnungsgrund 26 gefunden werden. Darin wird beschrieben, dass die Grundsätze des Datenschutzes nicht für anonyme Informationen gelten sollen, das heißt für Informationen, die sich nicht auf eine identifizierte oder identifizierbare natürliche Person beziehen, oder personenbezogene Daten, die in einer Weise anonymisiert worden sind, dass die betroffene Person nicht oder nicht mehr identifiziert werden kann. Das schwere Erreichen der „absoluten Anonymität" steht jedoch oft in der Kritik. Durch den Anstieg von Rechenleistung und höheren Speicherkapazitäten, wird die Verknüpfbarkeit von Daten immer einfacher. Demnach ist nach mancher Meinung das gängige Ergebnis einer Anonymisierung nur noch die „faktische Anonymität" [Härt16].

5.5.2 Pseudonymisierung

Im Gegensatz zur Anonymisierung findet die Pseudonymisierung eine ausführliche Definition in der EU-Datenschutz-Grundverordnung unter Artikel 4 Abs. 5. Personenbezogenen Daten sollen dabei so verarbeitet werden, dass diese ohne

Hinzuziehung zusätzlicher Informationen nicht mehr einer spezifischen betroffenen Person zugeordnet werden können, sofern diese zusätzlichen Informationen gesondert aufbewahrt werden und technischen und organisatorischen Maßnahmen unterliegen, die gewährleisten, dass die personenbezogenen Daten nicht einer identifizierten oder identifizierbaren natürlichen Person zugewiesen werden. Dazu ersetzt man bei der Pseudonymisierung genau diese Daten, die eine Identifikation erlauben würden, mit einem Pseudonym. Dabei existiert jedoch eine getrennte Zuordnung zwischen dem Subjekt und dem Pseudonym, beispielsweise in Form einer Tabelle, so dass eine Identifizierung des Subjekts nur durch Kenntnis über diese Zuordnung hergestellt werden kann. Abbildung 5 soll dies an einem Beispiel erläutern:

Timo Mayer hat am 03.06.2018 um 14:31 Uhr das Carsharing Fahrzeug mit der FIN: DEF456 auf der Koordinate N46° E08° betreten und gestartet.	Der Kunde CSTM123 hat am 03.06.2018 um 14:31 Uhr das Carsharing Fahrzeug CSFZ456 auf der Koordinate N46° E08° betreten und gestartet.
Personenbezogene Daten	**Pseudonymisierte Daten**

Kundentabelle

Timo Mayer	CSTM123
Alexander Müller	CSAM456
...	

Fahrzeugtabelle

DEF456	CSFZ456
GHI789	CSFZ789
...	

Abbildung 5: Pseudonymisierte Daten (eigene Darstellung)

Mithilfe dieser Variante gibt es für Unternehmen eine praktikable Lösung personenbezogene Daten zu maskieren und deren Schutzbedarf zu reduzieren, jedoch muss der Zusatz der getrennten Aufbewahrung von Datum und Pseudonym beachtet werden. Die Gesellschaft für Datenschutz und Datensicherheit e.V. legt dafür folgende Empfehlung fest: „Die Daten, mit denen die Zuordnung zu einer Person möglich wäre, müssen derart getrennt aufbewahrt werden, dass sie nicht ohne Weiteres zusammengeführt werden können. Dies kann z.B. durch eine logische Trennung mit unterschiedlichen Zugriffsberechtigungen erfolgen. Eine technische oder organisatorische Trennung, die nicht geeignet ist, den Zugriff auf die eine Zuordnung ermöglichenden Daten zu verhindern, genügt nicht. Der Aufwand der Trennung kann sich an der Schutzbedürftigkeit der Daten orientieren." [ScWe17]

Ein maßgeblicher Anreiz Daten zu pseudonymisieren liegt aber wohl darin, das eine Interessenabwägung im Streitfall eher zugunsten des Verantwortlichen ausfallen kann, sollte dieser Methoden der Pseudonymisierung angewandt haben. Dazu sagt Art. 32 Abs. 1a DS-GVO, dass die Pseudonymisierung personenbezogener Daten dazu beiträgt, die Sicherheit der Verarbeitung dieser Daten zu erhöhen. Dadurch ist darüber hinaus der technisch-organisatorische Schutzbedarf bei pseudonymen Daten als geringer anzusehen.

Besonders zu beachten gilt, dass ein wiederholt nach außen getragenes Pseudonym, beispielsweise in Form eines verschleierten Kfz-Kennzeichens, früher oder später erneut die Eigenschaft eines identifizierenden Merkmales erfüllt. Umso größer die Menge und Vielfalt an solchen Daten, umso geringer ist der Aufwand einen direkten Personenbezug nachträglich herzustellen.

5.6 Privacy by Design and Default

„Privacy by Design" und „Privacy by Default" sind im fachlichen Umfeld bekannte Begriffe. Im Rahmen der EU-Datenschutz-Grundverordnung erlangen sie jedoch neue Bedeutung und sind in Art. 25 DS-GVO verankert. Obwohl diese beiden Begriffe oft zusammen verwendet werden, bedarf es in diesem Fall einer getrennten Betrachtung.

Sinnvoll übersetzt heißt „Privacy by Design" nichts Weiteres als „Datenschutz durch Technikgestaltung". Dahinter verbirgt sich der Grundgedanke, dass der Datenschutz bei Datenverarbeitungsvorgängen am besten eingehalten werden kann, wenn er durch das frühzeitige Ergreifen technischer und organisatorischer Maßnahmen bei deren Verarbeitung bereits integriert ist [Dsgv1]. Um das Erhalten des Kundenvertrauens im Rahmen der Digitalisierung zu gewährleisten, sollten sich Hersteller vernetzter Fahrzeuge uneingeschränkt an diesen Grundsatz halten. Dies kann beispielsweise mit der Entwicklung neuer Kommunikationskanäle und Interfaces erreicht werden, die eine transparente und nachvollziehbare Übersicht der Datenverarbeitung mit deren Konfigurationsmöglichkeit sicherstellen, oder auch die Implementierung einer logischen Trennung datenverarbeitender Systeme im Auto nach deren Schutzbedarf.

Eine angeregte rechtliche, politische und technische Diskussion lieferten sich Referenten und Gäste beim Symposium zum Datenschutz im automatisierten und vernetzten Fahrzeug im Juni 2017 und betonten dabei unter anderem erneut die Wichtigkeit von „Privacy by Default" [Beut17]. Dieser Grundsatz ist im DS-GVO unter Art.

25 Abs. 1 beschrieben und verlangt als Subprinzip des „Privacy by Design" die Etablierung einer datenschutzfreundlichen Voreinstellung. So sollten im Urzustand des vernetzten Fahrzeug alle datenverarbeitenden Prozesse auf das notwendige Minimum reduziert sein.

6 Datenschutzrechtliche Anforderungen an das vernetzte und autonome Fahren

"Bisher hat es die Menschheit noch nie geschafft, einen technologischen Fortschritt so zu konzipieren, dass er des Missbrauchs überhaupt nicht zugänglich war." [Wirt16]

An den Datenschutz und speziell die EU-Datenschutz-Grundverordnung werden große Erwartungen gestellt, insbesondere wenn es um das Thema „vernetzte Mobilität" geht. Ob die Neuauflage des europäischen Datenschutzrechts den Ansprüchen genügen kann, wird im folgenden Kapitel nach einer Empfehlung der BfDI anhand des Standard-Datenschutzmodells (SDM) überprüft [Sdm18]. Beim SDM handelt es sich um ein im April 2018 überarbeitetes Modell, mit dem die Übereinstimmung der gesetzlichen Anforderungen im Umgang mit personenbezogenen Daten und der entsprechenden Umsetzung dieser Vorgaben, systematisch nachweisbar gemacht wird. Die Methode orientiert sich dabei an zentralen Gewährleistungszielen, die über technische und organisatorische Funktionen und Schutzmaßnahmen umgesetzt werden [Bfdi18].

6.1 Transparenz

Die Transparenz zählt nach Art. 5 Abs. 1a DS-GVO zu den Grundsätzen für die Verarbeitung personenbezogener Daten und wird im Erwägungsgrund 58 zusätzlich konkretisiert. Demnach soll diese insbesondere gewährleisten, dass die betroffenen Personen ihr Recht auf informationelle Selbstbestimmung wahrnehmen können. Dazu zählen Informationen über Zweck, Ort und Art der Erhebung, Speicherung und Verwendung der betroffenen Daten, welche in präziser, transparenter, verständlicher und leicht zugänglicher Form in einer klaren und einfachen Sprache zu übermitteln sind (Art. 12 Abs. 1 DS-GVO).

Zwar hatte der VDA schon Ende 2014 seine "Datenschutzprinzipien für vernetzte Fahrzeuge" [Vda14] aufgestellt und darin festgelegt, dass die betroffenen Autofahrer darüber informiert werden sollen, welche der generierten Daten zu welchem Zweck erhoben und genutzt werden, die verantwortungsvolle Umsetzung durch die Hersteller lässt jedoch noch auf sich warten. Für die Insassen des vernetzten Fahrzeugs muss transparent sein, welche Daten gespeichert und, falls zutreffend, übermittelt werden (Art. 7 Abs. 3 DS-GVO). Des Weiteren muss die Möglichkeit bestehen, einer weiteren Verarbeitung zu widersprechen beziehungsweise die getätigte Einwilligung zu widerrufen (Art. 7 Abs. 3 DS-GVO). Ausnahmen sind dabei gesetzlich vorgegebene Datenverwendungen (Art. 6 Abs. 1c, Art. 6 Abs. 1d DS-GVO) wie beispielsweise das Notrufsystem eCall, welches im Falle eines Unfalls selbstständig einen 112-Notruf an die Rettungsstelle absetzt und unter anderem den genauen Standort des Fahrzeugs übermittelt.

6.1.1 Einwilligungs- und Vertragsgestaltung

Die Bundesbeauftragte für den Datenschutz und die Informationsfreiheit empfiehlt in diesem Zusammenhang, dass bei Bedarf sämtliche Informationen über die Verarbeitung personenbezogener Daten einsehbar sein sollen, etwa über das Display des Armaturenbretts im Fahrzeug [Bfdi17]. Auch die direkte Konfigurationsmöglichkeit der Verarbeitungsprozesse, würde in einer solchen Datenschutz-Oberfläche durchaus Sinn machen. So könnte vom Betroffenen selbst beispielsweise die Innenraumüberwachung zur Personenidentifikation deaktiviert werden, jedoch die Körpervermessung für eine optimale Airbag-Steuerung trotzdem aktiv bleiben. Befinden sich jedoch mehrere Personen in einem Fahrzeug, die beispielsweise durch Vernetzung zwischen Smartphone und Bordsystem diesem zugeordnet werden können, liegt der Konflikt einer unterschiedlichen Einwilligungsbereitschaft nahe. Wie der Hersteller in so einem Fall die rechtmäßige Einwilligung der betroffenen Personen einholen will, ist bisher unklar.

Der Grundsatz der Transparenz beginnt jedoch schon bei der Vertragsgestaltung. Der zukünftige Autobesitzer sollte bereits beim Kauf auf datenschutzkonforme Art und Weise über die verschiedenen Datenerhebungen und deren Zwecke informiert werden. Problematisch wird dieser Sachverhalt jedoch beim weiteren Privatverkauf eines Fahrzeugs, wodurch der neue Autokäufer derzeit automatisch die Einwilligungen des ursprünglichen Besitzers vererbt, ohne diesen explizit zugestimmt zu haben. Dieses Problem tritt auch bei vernetzten Fahrzeugen mit wechselndem Fahrer auf. Um dies zu vermeiden, sollte beispielsweise ein Zurücksetzen des Fahrzeugs auf Werkseinstellungen möglich sein, um die Einwilligungen erneut abzufragen. Die Werkseinstellung sollten selbstverständlich dem Grundsatz des Privacy-by-Default entsprechen.

6.1.2 Datensouveränität

Ein freier Datenzugang steht im Interesse vieler Unternehmen, kollidiert allerdings mit zahlreichen Datenschutzprinzipien. Mit dem Konzept der Datensouveränität soll jeder selbst darüber bestimmen, wie seine Daten unter Wahrung der informationellen Selbstbestimmung in der vernetzten Welt eingesetzt werden. Die EU-

Datenschutz-Grundverordnung behandelt die Weitergabe von Daten und somit das Recht auf Datenübertragbarkeit unter dem Artikel 20.

Nun versucht BMW als erster Automobilhersteller auf dem Markt mit der offenen Daten-Plattform „CarData" die Übertragung von Fahrzeugdaten an Dritte transparent zu gestalten [Köll17]. Die erzeugten Daten wie zum Beispiel Kilometerstand, Kraftstoffverbrauch, Telematikdaten oder Service-Anrufe werden zuerst über die festverbaute SIM-Karte an einen BMW-Server übertragen. Anschließend können sich von dort aus Dritte, wie z.b. Versicherungen oder Werkstätten, an den Datenbeständen bedienen, vorausgesetzt der Betroffene hat der Weitergabe bestimmter Datenkategorien an das anfragende Unternehmen im Online-Portal zugestimmt [BMW17]. Diese Vermarktung der Fahrzeugdaten weckt bereits großes Interesse bei Versicherungen und sogar dem Unternehmen IBM, welches mit eigenen Produkten die Auswertung und Nutzung dieser Daten vorantreiben will [Köll17].

Auch wenn BMW als erster Automobilhersteller dem Kunden überhaupt die Möglichkeit gewährt, über die Datenweitergabe selbst zu entscheiden, enttarnt sich der angeworbenen Satz „Damit entscheidet der Kunde allein, wem er seine Daten anvertraut, und wem nicht" [BMW17] schnell als Trugschluss. So ist es doch fragwürdig, ob der Kunde im Vorfeld überhaupt die Gelegenheit hatte, der umfangreichen Datenweitergabe an den BMW Server auf datenschutzkonforme Weise zuzustimmen (siehe z.B. Kapitel 6.1.1, 6.1.3 oder 6.2).

6.1.3 Transparenz in der Praxis

Auch der ADAC kritisiert die Geheimniskrämerei der Autohersteller beim Datenschutz und verlangt für jedes Modell eine Auflistung aller im Fahrzeug erhobenen, verarbeiteten, gespeicherten und extern übermittelten Daten [Adac17]. Dieser Forderung schlossen sich europaweit über 110 Automobilclubs an. Um den aktuellen Fortschritt zu dieser Forderung zu erforschen, konnte im Rahmen dieser Ausarbeitung eine exemplarische Anfrage zur Aushändigung einer solchen „Auto-Daten-Liste" an BMW versandt werden. Nach einem Tag wurde im Online-Portal des Herstellers eine Liste mit der Bezeichnung „BMW CarData Telematikdatenkatalog" zum Download zur Verfügung gestellt, welche nach erfolgreicher Anmeldung eingesehen werden konnte. Auf 9 Seiten führt der Automobilhersteller alle potenziellen Daten auf, die, laut Beschreibung, regelmäßig an BMW versandt und dort gespeichert werden, jedoch ohne eine detaillierte Unterscheidung nach den Fahrzeugmodellen vorzunehmen. Die Liste an möglichen Datenübertragungen ist umfangreich und enthält neben zahlreichen Zustands- und Betriebsdaten und der Fahrzeugposition auch verschiedene Fahrstilbewertungen.

Doch wie transparent sind die reellen Möglichkeiten diese Datenerhebungen zu unterbinden? Wagt man einen Blick in die Datenschutzerklärung der Automobilhersteller, weisen beispielsweise Audi, Mercedes, BMW und Tesla zumindest durchgängig auf die Möglichkeit des Widerspruchs hin (Stand: 04.08.2018) [Bmw18a] [Audi18c] [Tesl18] [Merc18], warnen jedoch ebenfalls vor den möglichen Konsequenzen. Tesla formuliert die Bedingungen des Widerspruchs von Datenerhebungen folgendermaßen: „Wenn Sie nicht mehr möchten, dass wir Telematikprotokolldaten oder andere Dateien von Ihrem Tesla Fahrzeug erhalten, kontaktieren Sie uns bitte [...] Dies kann dazu führen, dass bei Ihrem Fahrzeug eine lediglich eingeschränkte Funktionalität, ernsthafte Schäden oder Funktionsunfähigkeit eintreten können." [Tesl18]

Diese Aussage von Tesla könnte mit einem Blick auf die Vertragsgestaltung jedoch mit dem neuen Kopplungsverbot der DS-GVO (Art. 7 Abs. 4 DS-GVO, Erwägungsgrund 43 Satz 2 DS-GVO) kollidieren. Mit diesem Verbot findet eine weitere Einwilligungsbedingung Einzug in die DS-GVO, wonach die Vertragserfüllung nicht davon abhängig gemacht werden darf, ob der Betroffene in die Verarbeitung seiner personenbezogenen Daten einwilligt. Sollten die oben genannten Bedingungen des Widerspruchs auch datenschutzrechtlicher Vertragsbestandteil von Tesla sein, liegt ein Verstoß gegen das Kopplungsverbot nahe. Denn es ist zu bezweifeln, dass durch die Entstehung von „ernsthaften Schäden oder Funktionsunfähigkeit" am Fahrzeug, die Erfüllung des Vertrages im Sinne des Kunden gewährleistet ist.

Blickt man über den Tellerrand der Transparenz hinaus, ist die Stimmungslage der Hersteller zum Thema Datenminimierung dabei ebenfalls klar erkennbar, worauf im folgenden Abschnitt näher eingegangen wird.

6.2 Datenminimierung

Das Schutzziel der Datenminimierung, bisher auch bekannt als Datensparsamkeit, regelt ebenfalls die Verarbeitung personenbezogener Daten. Darin ist festgelegt, dass personenbezogene Daten dem Zweck angemessen und erheblich sowie auf das für die Zwecke der Verarbeitung notwendige Maß beschränkt sein müssen (Art.5 Abs.1c DS-GVO). Es sollen somit nicht mehr Daten erhoben, verarbeitet und genutzt werden, als für das Erreichen des Verarbeitungszweckes notwendig ist. Des Weiteren erfordert das Prinzip der Datenminimierung auch die Begrenzung der Speicherung erfasster Daten, insbesondere, wenn diese Daten einfach erneut erfasst werden können, sobald sie wieder benötigt werden [MGLW15 | S. 528]. Eine automatisierte Datenverarbeitung benötigt auch eine automatisierte Datenlöschung, wodurch die Entwicklung eines datenschutzkonformen Löschkonzepts zwingend notwendig wird [Roes17].

Am Beispiel der elektronischen Staumeldung durch ein Fahrzeug an weitere Verkehrsteilnehmer, ist hierfür eine Weitergabe sonstiger, personenbezogener Daten nicht notwendig und auch nicht zulässig. Es ist ausreichend, wenn das Fahrzeug den Standort des Staus übermittelt und so weitere Fahrzeuge darüber informiert. Betrachtete man den reinen Fahrbetrieb eines vernetzten Fahrzeugs, ist laut dem BfDI gar keine Datenspeicherung notwendig [Bfdi17b]. Hersteller sollten deshalb verpflichtet werden, Datenverarbeitungsprozesse, wie beispielsweise den des Autopiloten, so zu konstruieren, dass das Auto selbst erkennt, wenn keine bestimmungsgemäße Verwendung mehr vorliegt. Daraufhin können die nicht mehr benötigten Daten unmittelbar verworfen werden, zum Beispiel wenn das autonome Fahrzeug die Autobahn verlässt.

Auch aktives Privacy-by-Default kann helfen die Ziele der Datenminimierung zu verfolgen. So sind kommunikative Sensoren und deren datenverarbeitende Prozesse immer dann abzuschalten, wenn sie für den aktuellen technischen Vorgang nicht benötigt werden.

Ob sich die Fahrzeughersteller durchgängig an diese Vorgaben halten, ist nach aktuellem Wissenstand zu bezweifeln. So speichert der Tesla Model S belanglos erscheinende Dinge, etwa wann die Fahrzeugtüren geöffnet und geschlossen werden [Bern16] und der BMW i3 überträgt per „Last State Call" ein umfangreiches Datenpaket an den BMW-Server, welches Rückschlüsse auf die Mobilitätsgewohnheiten des Besitzers ermöglicht. Mithilfe intermodaler Verbindungspunkte kann dadurch beispielsweise sogar erkannt werden, wann der Besitzer auf andere Verkehrsmittel wie Bus und Bahn umgestiegen ist [Adac1].

Auch Stiftung Warentest hat in einer ausführlichen Analyse zum Umgang mit Daten 13 große Automobilhersteller befragt und zusätzlich das Senderverhalten ihrer Smartphone-Apps überprüft. Ergebnis: Der Datenschutz weist durchgängig bei jedem geprüften Herstellern starke Mängel auf, zum Beispiel senden alle Apps mehr Daten als notwendig. Die meisten Anwendungen übermitteln nicht nur den Namen des Nutzers, sondern auch die Fahrzeug-Identifizierungsnummer und auch den Standort des Fahrzeugs. Die Übertragung widerspricht somit ebenfalls dem

Grundsatz der Datenminimierung. Zusätzlich liegt bei keiner der Apps eine klare, verständliche Datenschutzerklärung vor und der Nutzer erfährt von der Masse an übertragenen Daten nur sehr wenig. Einen daraufhin versendeten Fragebogen an die Hersteller beantwortete lediglich einer der 13 Automobilhersteller. [Stif17 | Heft S. 71].

Anders als Audi, Mercedes und Tesla ermöglicht BMW in seinen Datenschutzerklärungen einen zumindest oberflächlichen Einblick in die Speicherdauer der erhobenen Daten. So werden personenbezogenen Daten aus digitalen fahrzeugbezogenen Diensten, automatisch nach vier Wochen gelöscht, sollten sie nicht für die Erbringung eines speziellen Dienstes länger benötigt werden [Bmw18a]. Das ist zwar ein Schritt in die richtige Richtung, jedoch wäre es aus Sicht des Datenschutzes empfehlenswert, bereits bei der Erhebung der Daten das Prinzip der Sparsamkeit anzuwenden und das Löschdatum individueller auf den einzelnen Datensatz zu beziehen.

6.3 Vertraulichkeit, Verfügbarkeit, Integrität

Beim Datenschutz geht es ausdrücklich um den Schutz vor Beeinträchtigungen des Persönlichkeitsrechts eines jeden Menschen. Im Unterschied dazu widmet sich die Datensicherheit dem Schutz von Daten, jedoch unabhängig davon ob diese einen Personenbezug aufweisen oder nicht. Hier geht es des Weiteren nicht um die Frage, ob Daten überhaupt erhoben und verarbeitet werden dürfen, sondern darum, welche Maßnahmen zum Schutz der Daten angewandt werden müssen [Bsi1]. Die DS-GVO führt diese Grundsätze in Bezug auf die Verarbeitung personenbezogener Daten unter Art. 5 Abs. 1f und Art. 32 Abs. 1b auf.

Die Schlagwörter „Vertraulichkeit", „Verfügbarkeit" und „Integrität" bilden das Grundgerüst der Datensicherheit und können ebenfalls dem Begriff „Informationssicherheit" mit analoger Bedeutung zugeordnet werden. Im Automobilbereich gewinnt die Bezeichnung „Automotive Security" stetig an Popularität. Folgend wir das Grundgerüst der Datensicherheit, bezugnehmend auf das vernetzte und autonome Fahren, im Einzelnen betrachtet.

Zusammengefasst ist die „Vertraulichkeit" der Schutz vor unbefugter Preisgabe von Informationen. Vertrauliche Daten und Informationen dürfen somit ausschließlich befugten Stellen in der zulässigen Weise zur Verfügung gestellt werden [Bsi1]. Vernetzte und somit auch autonome Fahrzeuge sind über zahlreiche Schnittstellen mit ihrer Außenwelt verbunden und gelten deshalb als besonders angriffsgefährdet.

Besonders bedenklich: Ein gehacktes Auto, ob vollständig autonom oder nur assistiert, ist nicht nur für die Insassen, sondern auch für andere Verkehrsteilnehmer eine direkte Gefahr. Die Fahrzeughersteller, wie auch die dazugehörige vernetzte Infrastruktur, tragen somit eine hohe Verantwortung, derer sie nach aktuellen Medienberichten bisher offensichtlich nicht gewachsen sind. Im Juli 2018 wurde von einem Sicherheitsforscher ein schweres Datenleck aufgedeckt, worüber große Datenmengen bekannter Branchenschwergewichte abgeflossen sind [Mana18] und chinesische Hacker analysierten im Mai 2018 bei einer Analyse 14 bedenklich Sicherheitslücken in aktuellen BMW Modellen [Kuma18]. Die Vereinigung der Bayerischen Wirtschaft forderte diesbezüglich bereits 2016 die Gewährleistung einer vollständigen Ende-zu-Ende Sicherheit von Daten und Kommunikation durch Hersteller, Zulieferer und Dienstleister [Vbw16]. Eines ist dabei jedoch zu beachten: Da die Verschlüsselung nur eine technische Maßnahme ist, um z.B. personenbezogene Daten vor unbefugtem Zugriff zu schützen, wird der Schutzwert der Daten durch den Einsatz dieser nicht gemindert. Aus diesem Grund sind personenbezogene Daten, die verschlüsselt wurden, immer noch personenbezogene Daten [Thes17]. Verschlüsselung ist trotzdem zu fördern, fällt den Betroffen jedoch aufgrund der Vielzahl an heterogenen Schnittstellen nicht immer leicht. Spätestens zur Marktreife autonomer Fahrzeuge ist jedoch mit Besserung zu rechnen: Im Juli 2018 hat die Firma ERTICO in Zusammenarbeit mit 28 führenden Unternehmen der gesamten Branche die erste Version einer globalen standardisierten Schnittstellenspezifikation für die Kommunikation von Fahrzeugen mit einer Cloud vorgestellt [Erti18].

Die Digitalisierung ist ein wesentlicher Innovationstreiber für Unternehmen und die Gesellschaft. Ohne die Aufrechterhaltung der „Verfügbarkeit", z.B. von Internet, Anwendungen und Informationen, wird aus der Innovation schnell eine Exnovation. Damit der Betrieb eines autonomen Fahrzeugs funktioniert, müssen enorme Mengen an datenbasierenden Faktoren stets wie vorgeschrieben zur Verfügung stehen und funktionieren. Der Ausfall eines Staumeldesystems auf einer autonom betriebenen Schnellstraße, könnte schwere Folgen nach sich ziehen. Die 100 prozentige Verfügbarkeit wirkt unerreichbar, eine Annäherung an diese scheint aufgrund der Tatsachen jedoch mehr als notwendig. Wann die Technik jedoch sicher genug ist, dass sie flächendeckend eingesetzt werden kann, ist eine Frage, die in der Gesellschaft diskutiert werden muss [Brei18].

Zum Schutz personenbezogener Daten gehört es ebenfalls, dass sie unversehrt und unverändert bleiben. Eine ungewollte oder unerlaubte Veränderung der Daten muss verhindert werden und würde einen Angriff auf deren Integrität bedeuten.

Gelingt es beispielsweise einem Hacker, die von intelligenten Ampelanlagen versendeten Datenpakete zu manipulieren oder die Fahrzeugkoordinaten während der Fahrt zu verändern, wäre der positive Ausgang dieser Situationen äußerst ungewiss. Der Einsatz von kryptografischen Hashfunktionen ist ein geeignetes Mittel um Datenintegrität zu gewährleisten. Dabei wird vor der Übertragung mit Hilfe eines Algorithmus ein elektronischer Fingerabdruck des Datenpakets erstellt, welcher auch Hashwert genannt wird. Aus dem Hashwert ist es nicht möglich, den Inhalt des Datenpakets zu generieren. Nach dem Empfang des Datenpakets wird aus diesem ein erneuter Hashwert erzeugt und dieser mit dem empfangen Fingerabdruck verglichen. Sind beide identisch, kann von einer eingehaltenen Integrität ausgegangen werden [Czer16].

Das autonome Fahrzeug verspricht einen erheblichen Anstieg der Sicherheit im Straßenverkehr. Es muss jedoch berücksichtigt werden, dass der durch die Automatisierung erreichbare Zugewinn an Sicherheit, möglicherweise durch die steigenden Risiken von Angriffen auf die IT-Sicherheit des Fahrzeugsystems überschattet werden.

6.4 Nichtverkettbarkeit

Betrachtet man die Masse an erzeugten Datenmengen im autonomen Fahrzeug, scheinen diese per se schon missbrauchsgefährdet. Mit einem etwaigen Herauslösen der Daten aus ihrem ursprünglichen Kontext, tritt jedoch ein weiteres Problem ans Tageslicht: die Verletzung des Zweckbindungsgrundsatzes.

Das Ziel der Nichtverkettbarkeit bezeichnet die Anforderung, dass Daten nur für den Zweck verarbeitet und ausgewertet werden dürfen, für den sie auch erhoben wurden (Art. 5 Abs.1 (b) DS-GVO). Die DS-GVO berücksichtigt zwar im Art. 6 Abs. 4 eine Möglichkeit der Zweckänderung, dafür muss jedoch eine bestehende Einwilligung den Zweck umfassen, eine neue Einwilligung vorliegen, oder der neue Zweck mit dem ursprünglichen vereinbar sein. Die Liste der bekannten Verstöße ist dennoch lange und deren Nutzen in vielerlei Hinsicht unklar. An vorderster Stelle steht hier die Bildung von Bewegungs-, Kommunikations- und Beziehungsprofilen.

Jedoch besteht, zumindest aus technologischer Sicht, berechtigte Kritik am derzeitigen Zweckbindungsgrundsatz. Wirft man im Rahmen der Nichtverkettbarkeit einen Blick auf die technischen Grundlagen des autonomen Fahrens, spielt das Thema Künstliche Intelligenz (KI) eine zentrale Rolle [MGLW15 | S. 465-485] [Robe1] [Cont18] [Daim1]. Über die Durchführung menschlicher

Intelligenzleistungen durch Computer, wird es zukünftig immer komplexer werden, den Zweck der Datenerhebung vorher konkret festzulegen. Jedoch lassen sich vielfältige und wechselnde Zwecke nicht im Vorhinein mit der für den Zweckbindungsgrundsatz erforderlichen Genauigkeit eingrenzen. Lernende Maschinen, wie das zukünftige autonome Fahrzeug, werden daher unter diesen Bedingungen schwer darstellbar sein. In der Praxis entstehen dadurch nicht unerhebliche Hürden insbesondere für neue Geschäftsmodelle, da zum Zeitpunkt der Erteilung der Einwilligung nicht absehbar ist, welche Daten für welche Zwecke genutzt werden sollen. Die Vereinigung der Bayerischen Wirtschaft spricht diesbezüglich folgende Forderung aus:

„Wer seine Daten [...] für eine spätere Verwendung freigeben möchte, der muss im Rahmen seiner allgemeinen Handlungsfreiheit grundsätzlich die Möglichkeit haben, dies vertraglich zu regeln. Das sollte erst recht für die kontinuierliche Datenübermittlung gelten, sodass nicht bei jedem einzelnen Datenübermittlungsvorgang erneut eine Einwilligung erteilt werden muss, solange zu Beginn transparent über die laufende Übermittlung informiert wurde. Sobald allerdings im Vergleich zu der ursprünglich absehbaren Nutzung der Daten eine Änderung vorgenommen werden soll, die aus Sicht des Betroffenen als überraschend zu werten ist, muss er darüber informiert werden, um seine Einwilligung widerrufen bzw. erneuern zu können." [Vbw18 | S. 19]

Unter diesem Gesichtspunkt müsste vom Gesetzgeber näher ausgestaltet werden, inwieweit eine zukünftige Verarbeitung der erhobenen Daten mit neuen KI-Methoden umsetzbar ist. Im Gegenzug sollte der Anbieter jedoch stärker zur Transparenz gezwungen werden, beispielsweise durch die Offenlegung des Quellcodes der KI-Lernprozesse. Eine Alternative ist es jedoch immer, die Daten gleich auf eine Art und Weiße zu erheben, die keinen Personenbezug zulässt.

6.5 Intervenierbarkeit

Das Gewährleistungsziel „Intervenierbarkeit" bezeichnet die Anforderung, dass den Betroffenen die ihnen zustehenden Rechte auf Benachrichtigung, Auskunft, Berichtigung, Sperrung sowie Löschung jederzeit wirksam gewährt werden. Dabei ist die verarbeitende Stelle verpflichtet, die entsprechenden Maßnahmen umzusetzen [Sdm18].

Nach aktuellem Stand weisen die Hersteller BMW, Audi, Tesla und Mercedes in ihren online verfügbaren Datenschutzerklärungen zumindest vollständig auf diese

Rechte der Betroffenen hin (Stand: 27.08.2018) [Bmw18a] [Audi18c] [Tesl18] [Merc18], auch wenn zumeist, anders als in Art. 12 Abs. 1 Satz 3 DS-GVO verlangt, keine mündliche Form des Auskunftsrecht angeboten wird.

Um die derzeitige Qualität der Datenauskunft nach Art. 15 DS-GVO zu ermitteln, wurde im Rahmen dieser Ausarbeitung sowohl an BMW wie auch an Mercedes beispielhaft eine schriftliche Anfrage versandt. Bei den auf der Anfrage basierenden Fahrzeugen, handelt es sich um zwei Modelle mit einer Vielzahl an modernen Connectivity- und Assistenzdiensten.

Das Ergebnis fiel jedoch weitestgehend enttäuschend aus. Die Anfrage an Mercedes wurde mit Hinweis auf das Recht auf Auskunft wie in den Datenschutzbedingungen empfohlen, per Email an die Adresse data.protection@daimler.com versandt. Innerhalb der nach Art. 12 Abs. 3 eingeräumten Frist von einem Monat, gelang es Mercedes jedoch nicht die Datenauskunft zu erstellen. Der Hersteller entschuldigte sich mit folgendem Satz: „Aufgrund der umfangreichen Recherche wird die abschließende Bearbeitung noch etwas Zeit in Anspruch nehmen". Innerhalb der Bearbeitungszeit dieser Arbeit, wurde letztendlich kein Schreiben mehr empfangen. Im Gegensatz zu Mercedes antwortete BMW bereits nach einer Woche auf dem Postweg, jedoch enthielt das Schreiben lediglich die Adresse und Kunden-Nr. des Fahrzeuginhabers aus der Kundendatenbank der BMW AG. Ein Absatz im Schreiben wies darauf hin, dass bei rechtlich eigenständigen Unternehmensteilen gespeicherte Daten, gesondert angefragt werden müssen. Welche Unternehmensteile jedoch für die Daten der vernetzten Fahrzeuge verantwortlich sind, konnte auch nach weiterer Recherche nicht herausgefunden werden.

6.6 Zusammenfassung der Datenschutzsituation

Die Hersteller im Automobilbereich arbeiten mit unterschiedlicher Sorgfalt daran, die Anforderungen der EU-Datenschutz-Grundverordnung umzusetzen. Vor allem im Bereich „Transparenz" bestehen noch viele notwendige Anpassungen. Die Verantwortlichen müssen von Anfang an darauf achten, das Protokollieren und Weitergeben der vom Fahrzeug gesammelten Daten transparent zu gestalten. Der Nutzer soll selbst die Wahl haben, in welchen Bereichen er dies zulassen möchte und wo nicht. Dies schafft Vertrauen. Sollte der Benutzer in der verantwortungsvollen Speicherung seiner Daten schlussendlich einen Mehrwert erkennen, wird er der Weitergabe auch ohne schlechtes Gefühl zustimmen. Dennoch müssen die Hersteller ausdrücklich aufgefordert werden, die datenschutzrechtlichen Grundprinzipien „Privacy-by-Design" und „Privacy-by-Default" strikt zu beachten.

Das Prinzip der Datenminimierung scheint bei den Herstellern ebenfalls noch keine große Beachtung gefunden zu haben. Es ist einleuchtend, dass ein möglichst großer Datenbestand hilft, Technologien wie das autonome Fahrzeug effizienter zu optimieren. Jedoch vermittelt die heutige Masse an erhobenen Daten den Eindruck, einen größtenteils nicht definierbaren Nutzen zu verfolgen.

Der Zweckbindungsgrundsatz entpuppt sich zusätzlich als Hürde für das autonome Fahren und dessen künstlicher Intelligenz. Hier wird die Zukunft zeigen, ob die Hersteller ihre Prozesse an die Gesetzgebung anpassen können und dies auch möchten, oder es eventuell zu einer Überarbeitung und Lockerung des Datenschutzes kommt.

7 Zukunft des autonomen Fahrens

Dieses Kapitel soll demonstrieren, welche grundsätzlichen Voraussetzungen für die Einführung hoch-automatisierter und letztendlich autonomer Fahrzeuge noch geschaffen werden müssen und welche Einführungsszenarien dafür in Frage kommen.

7.1 Datenschutzneutrale Voraussetzungen

Das autonome Fahren bringt vollkommen neue Herausforderungen mit sich, von denen nur ein Teilaspekt den Datenschutz betrifft. Betrachtet man die notwendigen Voraussetzungen für den Betrieb eines autonomen Fahrzeugs, müssen die Hersteller, wie auch die Infrastrukturverantwortlichen, vor allem im technischen Bereich noch einiges leisten. Aber auch rechtliche, ethische und politische Hürden sind zu überwinden, bevor das Lenkrad zu guter Letzt zur Sonderausstattung werden kann.

Die Autos der Zukunft benötigen ein sehr schnelles, zuverlässiges Netzwerk. Hierfür steht bereits der neue Funkstandard 5G in den Startlöchern, über den eines Tages Übertragungsgeschwindigkeiten von bis zu 10 Gigabyte pro Sekunde erreicht werden können [View16a]. Diese Technik ermöglicht die für autonomes Fahren notwendige Datenübertragung im Bereich von Millisekunden. Auch die Verkehrsinfrastruktur soll so gestaltet werden, dass die Potenziale dieser Fahrzeuge optimal genutzt werden können. Dabei müssen jedoch die Ansprüche nicht-motorisierter Verkehrsteilnehmer, herkömmlicher Fahrzeuge und autonome Fahrzeuge gleichermaßen berücksichtigt werden. Wirft man des Weiteren einen Blick auf das derzeitig verfügbare gängige Kartenmaterial, reichen die aktuellen technischen Lösungen und Anwendungen für das autonome Fahren nicht aus [Haup15]. Die Basis für die höchst genaue Bestimmung der Lage eines Fahrzeugs in einer robusten und skalierbaren Weise, bilden hierfür sogenannte HD-Karten. Sie bieten ein hochgenaues und realistisches 3D-Modell des Straßennetzes und ermöglichen autonomen Fahrzeugen beispielsweise, sich auf der Straßenkarte selbst zu orten und Manöver zu planen [Bmw18c] [Here1].

Als sprichwörtliche Bremse für die technische Umsetzung bis hin zum autonom fahrenden Auto gilt das Haftungsrecht [Schä17]. Jedoch hat beispielsweise der Gesetzgeber in Deutschland im Jahr 2017 das Straßenverkehrsgesetz geändert, um automatisiertes Fahren voranzutreiben. Damit wurde erstmals weltweit die rechtliche Gleichstellung zwischen dem menschlichen Fahrer und dem Computer als

Fahrer geschaffen [Debu17]. Derzeit ist die Regelung bei einem möglichen Unfall folgendermaßen: "Die Kfz-Haftpflichtversicherung des Fahrzeughalters entschädigt das Opfer oder dessen Angehörige, unabhängig davon, ob der Unfall durch einen Fahrfehler, einen technischen Defekt oder ein automatisiertes Fahrsystem verursacht wurde" [Grög18]. Wenn jedoch das Auto im selbstfahrenden Modus eine rote Ampel überfährt und jemanden schädigt, oder der Parkassistent im Parkhaus ein Kind übersieht und anfährt, kann die Versicherung daraufhin den Fahrzeughersteller in Regress nehmen [Grög18]. Dazu müssen die Fahrzeugdaten jedoch zuerst der Versicherung zur Verfügung gestellt werden. Ob sich der Fahrzeughersteller hier stets kooperativ zeigen wird, ist zu bezweifeln und bringt mit hoher Wahrscheinlichkeit eine weitere Herausforderung auf die Agenda zur Einführung autonomer Fahrzeuge. Lösungen wie das in Kapitel 6.1.2 beschriebene „BMW CarData" könnten diesen Prozess für die Versicherungen eventuell erleichtern.

Die Entwicklung autonomer Fahrzeuge löst jedoch ebenfalls eine ethisch motivierte Debatte aus. So wird die Einführung solcher Fahrzeuge stets vom Versprechen begleitet, die Anzahl von Personenschäden deutlich zu reduzieren. Auch bei zunehmender Automatisierung und Technologiereife, wird die Gefahr von Unfällen jedoch weiterbestehen, z.B. aufgrund von Implementierungsfehlern oder nicht beherrschbarer Verkehrssituationen [Prof16 | S. 219]. Was sollte ein autonomes Fahrzeug aber im Fall einer unvermeidbaren Kollision tun: links in eine Gruppe von Fußgängern rasen, wobei die Autoinsassen überleben würden, oder rechts den Wagen gegen einen Baum lenken und den Tod der Insassen in Kauf nehmen? Eine im Juni 2017 einberufene Ethik-Kommission des Bundesministers für Verkehr und digitale Infrastruktur legte diesbezüglich fest, dass bei unausweichlichen Unfallsituationen jede Qualifizierung nach persönlichen Merkmalen wie Alter, Geschlecht, körperlicher oder geistiger Konstitution strikt untersagt bleiben soll. Eine derartige Sachlage ist somit nicht eindeutig normierbar und auch nicht ethisch zweifelsfrei festlegbar. Jedoch wurde empfohlen, die Programmierung der Assistenzsysteme im Rahmen des technisch Machbaren so anzulegen, das im Konflikt Tier- oder Sachschäden in Kauf zu nehmen sind, wenn dadurch Personenschäden vermieden werden können. [Bun17 | S. 11]

Schon die öffentliche Resonanz nach dem tödlichen Unfall mit dem Tesla Model S-Autopiloten im Mai 2016 zeigte, dass im Falle eines schweren Unfalls schnell nach politischen Konsequenzen gerufen wird. Aus diesem Grund sollte eine transparente Kommunikation vorbereitet werden, damit Klarheit besteht, wie im Falle von Unfällen mit autonomen Fahrzeugen umgegangen werden kann. Dazu scheint eine faktenbasierende Informationsermittlung zur Sicherheitsbewertung von großem Vorteil, um Vertrauen für die Technologie, aber auch für das Risikomanagement zu erreichen [Bmvi17 | S. 33].

Letztendlich bleibt die Frage, ob Halter künftiger Autos überhaupt die Chance haben, sich für oder gegen die Vernetzung zu entscheiden. Wenn die Mobilität durch Datenverarbeitung und Vernetzung sicherer wird, dürfte es bald nicht mehr verantwortbar erscheinen, mit einem unsicheren, nicht vernetzten Auto am Straßenverkehr teilzunehmen [RGJR16 | S. 8]. Geht es nach dem Zitat von Angela Merkel in der Einleitung dieser Arbeit, könnte dem Fahrzeugnutzer der Zukunft diese Entscheidung bereits recht bald abgenommen werden.

7.2 Einführungsszenarien

Betrachtet man den noch notwendigen Reifeprozess bis zum zuverlässigen Einsatz von autonomen Fahrzeugen im gesamten öffentlichen Straßenverkehr, liegt eine stufenweise Einführung in verschiedenen, technologisch weniger anspruchsvollen Bereichen durchaus nahe. So stehen zu Beginn nur bestimmte Angebote für autonome Personen- und Lastkraftwagen zur Verfügung, wie beispielsweise die autonome Autobahnfahrt auf bestimmten freigegebenen Straßen oder die Realisierung von automatischen Parkprozessen in manchen Großstädten.

Mit Blick auf ein anderes Szenario, scheint es durchaus denkbar, dass autonome Fahrzeuge durch die Verknüpfung von Individualmobilität und öffentlichem Personentransport vorerst zu einer Transformation des Straßenverkehrs in Städten führen [MGLW15 | S. 205]. Ein konkretes Anwendungsbeispiel ist die Umgestaltung der Angebote von Bussen und Stadtbahnen im Anschluss an eine Autofahrt, die beispielsweise auf einem Parkplatz am Stadtrand endet und dann mit einem lokalen Mobilitätsdienstleister fortgesetzt werden kann. Wie im Kapitel „Carsharing und Personenbeförderung" bereits erwähnt, sind erste Konzepte dieser Art schon heute erfolgreich im Einsatz. Auch wenn diese Umsetzungen eher als erweiterter Versuchsbetrieb zwischen einer öffentlichen Konzeptvorstellung und einer tatsächlichen kommerziellen Anwendung zu sehen sind, können diese Szenarien bislang als der deutlichste Schritt in Richtung eines Einsatzes autonomer Fahrzeuge identifiziert werden [MGLW15 | S. 205].

8 Fazit

8.1 Ergebnisdarstellung

Mit dem autonomen Fahren geht der Konflikt zwischen Datenschutz und technologischem Fortschritt in eine neue Runde.

Das Maß des Einzugs vernetzter Fahrzeuge in den Alltag nimmt stetig zu und lässt auch das autonome Fahren immer greifbarer erscheinen. Die Vorteile der vernetzten Mobilität liegen auf der Hand: Sie verbessert Produkte und Dienstleistungen, erhöht den Komfort für den Kunden und trägt zusätzlich zur Erreichung gesellschaftlicher Ziele wie der Verbesserung der Verkehrssicherheit, der Senkung des Kraftstoffverbrauchs und einer Erleichterung des Verkehrsmanagements bei. Die Technik hierfür ist hochkomplex und vom Anwender nur selten in technischen Details zu begreifen. Dies betrifft ebenfalls die daraus resultierenden Prozesse rund um die generierten Daten.

Wie diese Arbeit demonstriert, haben vernetzte und somit auch autonome Fahrzeuge, einen enormen Bedarf an Daten. Zwar geben die Hersteller nur sehr wenig über ihre Verarbeitungsprozesse preis, die während der Recherche gewonnen Erkenntnisse reichten jedoch letztendlich aus, um den derzeitigen Stand, wie auch einen übertragbaren Ausblick auf autonome Fahrzeuge zu erlangen. Das moderne Automobil ist nicht länger nur Hardware, sondern vielmehr eine Komponente eines digital vernetzten Systems.

Das Generieren, Verarbeiten und Speichern von Daten ist grundlegend nicht verwerflich, und liefert auch die Basis für die neue Technologie. Haben Daten jedoch einen direkten oder indirekten Personenbezug, fallen diese unter den Geltungsbereich der EU-Datenschutz-Grundverordnung. Das hohe Konfliktpotenzial der Themenbereiche konnte bereits im Vorfeld der Arbeit erahnt werden, das Ausmaß an enttarnten Schwachstellen viel jedoch überraschend hoch aus. Besonders häufig musste die mangelnde Transparenz bei der Erhebung von Daten und deren Einwilligungsmöglichkeiten kritisiert werden. So zeigte sich beispielsweise bereits die Einholung einer notwendigen, informierten, freiwilligen und individuellen Einwilligung im vernetzten Fahrzeug als problematischer Sachverhalt. Der Betroffenenvielfalt ist geschuldet, dass sämtliche rechtliche Einwilligungsschritte im Fahrzeug selbst eingeholt werden müssen, da eine im Kaufvertrag erteilte Einwilligung nur die Datenverarbeitung des Käufers und nicht die der anderen Insassen abdeckt. Dieser Missstand wird von einer vielfältigen Missachtung von Grundprinzipien der

Datenminimierung durch die Fahrzeughersteller begleitet. Ebenfalls entpuppte sich der Grundsatz der Nichtverkettbarkeit als Beschwernis bei der Anwendung von künstlicher Intelligenz, da vielfältige und wechselnde Zwecke nicht im Vorhinein mit der für den Zweckbindungsgrundsatz erforderlichen Genauigkeit eingegrenzt werden können.

Jedoch bedeutet dies nicht zugleich das Aus für die Mobilität von morgen. Die Fahrzeughersteller scheinen die Problematik, wenn auch verspätet erkannt zu haben, und arbeiten in verschiedenen Ausprägungen an technischen und datenschutzrechtlichen Lösungen. Zur vollständigen Erfüllung der Auflagen der DS-GVO, ist letztendlich noch viel zu tun. Durch die konsequente Anwendung von Transparenz, Verschlüsselung, Privacy-by-Design, Privacy-by-Default, Anonymisierung und Pseudonymisierung stehen den Verantwortlichen jedoch viele Werkzeuge zur Aufrechterhaltung einer vertrauensvollen Betroffenenbeziehung zur Verfügung.

Wie ein Teil dieser datenschutzrechtlichen Werkzeuge Anwendung finden kann, soll das folgende Kapitel abschließend demonstrieren.

8.2 Datenschutzrechtliche Handlungsempfehlungen

Bezugnehmend auf die Empfehlung der Bundesbeauftragten für den Datenschutz und die Informationsfreiheit, dass bei Bedarf sämtliche Informationen über die Verarbeitung personenbezogener Daten einsehbar sein sollen, etwa über das Display des Armaturenbretts [Bfdi17b], zeigt Abbildung 6 exemplarisch, wie eine Datenschutz-Oberfläche grundlegend in modernen Fahrzeugen aufgebaut sein könnte:

Fazit

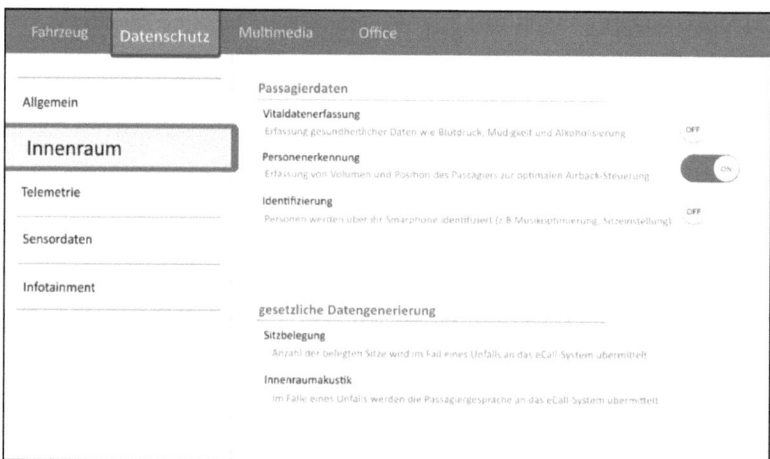

Abbildung 6: Datenschutz-Oberfläche (eigene Darstellung)

Über diese Variante wäre es möglich, Einwilligungen individuell und durch die Benutzer selbst vorzunehmen, natürlich mit der Konsequenz, dass damit verknüpfte Funktionen anschließend nicht mehr oder nur noch teilweise funktionieren würden. Um tatsächlich alle Betroffenen im Fahrzeug zu erreichen, könnte diese Oberfläche ebenfalls auf dem Smartphone angezeigt werden, beispielsweis durch das Abscannen eines QR-Codes in der Nähe des Sitzplatzes.

Um die Transparenz zusätzlich zu erhöhen, sprechen sich Experten vom Institut für Rechtsinformatik für die Verwendung einer Datenschutz-Ampel aus [Beer14]. Ähnlich wie bei der Lebensmittel-Ampel, soll der Verbraucher damit aufgeklärt werden, wie kritisch eine Einwilligung in Bezug auf Menge und Art der Daten anzusehen ist. Die Beurteilung soll in Form einer Ampel in den Farben Grün, Gelb oder Rot eindeutig signalisiert werden und könnte ebenfalls in die Datenschutz-Oberfläche des Bordsystems integriert werden. Wichtig wäre in jedem Fall, die Kategorisierung der Datenerhebungen von einer neutralen unabhängigen Stelle durchführen zu lassen.

Um Vertrauen zu schaffen, empfiehlt der Verband der TÜV e.V. (VdTÜV) für Datenverarbeitungsprozesse neutrale Instanzen zu schaffen, beispielsweise in Form eines Trust Centers für Mobilitätsdaten [Goeb18]. Ein solches Trust Center könnte die Fahrzeug- und Verkehrsdaten an zentraler Stelle verwalten und eine Vermittlerrolle zwischen Dateninhabern und berechtigten Dritten übernehmen, anstatt diese direkt an das Backend des Fahrzeugherstellers zu senden (siehe zum Beispiel Kapitel 6.1.2). Der Betroffene kann dann, möglicherweise über eine Plattform im

Fahrzeug, entscheiden, welchem Empfänger er wann und unter welchen Bedingungen die Daten freigibt und erhält dadurch vollständige Transparenz und Datensouveränität. Die Kosten für den technischen Mehraufwand könnten beispielsweise in Form von Vermittlergebühren amortisiert werden.

Sinnvoll erscheint ebenfalls eine weitere Empfehlung des VdTÜV. Durch die Verwendung einer hochsicheren „Automotive Platform" im Fahrzeug, kann über dem Einsatz entsprechender Interfaces die Kommunikation innerhalb des Systems und nach außen abgesichert werden. Mithilfe dieser Vorgehensweise, werden verschiedene IT-Systeme im Auto logisch voneinander getrennt, wodurch z.b. Entertainment und Komfortsysteme nicht in direkter Verbindung mit den restlichen Datenverarbeitungsprozessen stehen. Dadurch kann die Integrität des vernetzten wie auch autonomen Fahrzeugs verbessert werden, um beispielsweise die Anzahl erfolgreicher Hackerangriffe zu reduzieren.

Als simpelste Lösung eine notwendige Anwendung der DS-GVO zu vermeiden, gilt immer noch keine Daten mit Personenbezug zu erheben. Betrachtet man das Beispiel des autonomen Busverkehrs zwischen Stadtrand und Innenstadt, könnte dieses Szenario recht einfach ohne personenbezogene Daten auskommen. Benutzt der Passagier das Fahrzeug lediglich zur Überbrückung der gewünschten Strecke, nutzt keine vernetzten Entertainment- und Komfortsysteme und identifiziert sich gegenüber dem Betreiber nicht durch eine elektronische Zahlung, wäre dadurch eine solide Grundlage geschaffen. Verwendet daraufhin das Personenbeförderungsfahrzeug für seine Positionsdaten, Umfelddaten und die Kommunikation mit der Infrastruktur einen flüchtigen Speicher und erhebt auch sonst keine Daten, beispielsweise durch Kameras und Sensoren im Innenraum, könnte die Beförderung theoretisch frei von jeglichem Personenbezug bewerkstelligt werden. Die Voraussetzung dafür ist, dass sowohl die Betroffenen wie auch die verantwortlichen Stellen bereit sein müssen, zur Förderung des Datenschutzes auf gewisse Vorteile zu verzichten.

Betrachtet man abschließend die verschiedenen Ziele für die Gewährleistung von Datenschutz aus Kapitel 6, sollte der Datenminimierung in jedem Fall eine besondere Beachtung zukommen. Denn befolgt der Verantwortliche als oberstes Gebot nur die wirklich notwendigen Daten zu erheben, hat er daraufhin umso weniger Aufwand seine Produkte datenschutzkonform auf dem Markt anzubieten.

Literaturverzeichnis

[Abel16]	Rüdiger Abele (Jan. 2016), Hochpräzise Landkarte fürs autonome Fahren (Online), https://www.mercedes-benz.com/de/mercedes-benz/next/vernetzung/hochpraezise-landkarte-fuers-autonome-fahren/, abgerufen am 04.08.2018
[ACEA15]	European Automobile Manufacturers Association (ACEA) (Sept. 2015), PRINCIPLES OF DATA PROTECTION IN RELATION TO CONNECTED VEHICLES AND SERVICES (auch verfügbar unter https://www.acea.be/uploads/publications/ACEA_Principles_of_Data_Protection.pdf)
[Adac1]	ADAC (ohne Jahr), Welche Daten erzeugt ein modernes Auto? (Online), https://www.adac.de/infotestrat/technik-und-zubehoer/fahrerassistenzsysteme/daten_im_auto/default.aspx, abgerufen am 04.08.2018
[Adac16]	ADAC (Mai 2016), ADAC Untersuchung: Datenkrake Pkw (Online), https://www.adac.de/infotestrat/adac-im-einsatz/motorwelt/datenkrake_auto.aspx, abgerufen am 05.08.2018
[Adac17]	ADAC (Jan. 2017), Mensch und Auto: digital, vernetzt, verloren? (auch verfügbar unter https://www.adac.de/_mmm/pdf/ADAC_SBY_Digital_Vernetzt_Verloren_Druck_286958.pdf)
[Alli1]	Allianz Deutschland AG (ohne Jahr), Telematik-Versicherung (Online), https://www.allianz.de/auto/kfz-versicherung/telematik-versicherung/, abgerufen am 18.08.2018
[Aral17]	Aral Aktiengesellschaft (2017), Trends beim Autokauf 2017 (auch verfügbar unter https://www.aral.de/content/dam/aral/Presse%20Assets/pdfs-Broschueren/Aral-Studie-Trends-beim-Autokauf-2017.pdf)

[Audi17]	Audi AG (Sept. 2017), Audi Media Center (Online), https://www.audi-mediacenter.com/de/per-autopilot-richtung-zukunft-die-audi-vision-vom-autonomen-fahren-9305/der-neue-audi-a8-hochautomatisiertes-fahren-auf-level-3-9307, abgerufen am 04.08.2018
[Audi18a]	Audi AG (Mai 2018), Automatisiertes Fahren (Online), https://www.audi-mediacenter.com/de/automatisiertes-fahren-3651, abgerufen am 04.08.2018
[Audi18b]	Audi AG (2018), Dienste und Apps im Überblick (Online), https://www.audi.de/de/brand/de/kundenbereich/connect/apps-und-dienste.html, abgerufen am 04.08.2018
[Audi18c]	Audi AG (2018), Datenschutzhinweis (Online), https://www.audi.de/de/brand/de/tools/navigation/layer/rechtliches/datenschutz.html, abgerufen am 04.08.2018
[Auto18]	auto.de (Aug. 2018), „XiM18"-Studie: Das Auto als Wohnraum (Online), http://www.auto.de/magazin/xim18-studie-das-auto-als-wohnraum/, abgerufen am 04.08.2018
[Barc11]	Barczok Achim (Juli 2011), FAQ: Handy-Ortung (Online), https://www.heise.de/ct/hotline/FAQ-Handy-Ortung-1268122.html, abgerufen am 04.08.2018
[Beck16]	Joachim Becker (Aug. 2016), Das Auto wird zum Zeugen der Anklage (Online), https://www.sueddeutsche.de/auto/datenerfassung-im-fahrzeug-das-auto-wird-zum-zeuge-der-anklage-1.3097958, abgerufen am 15.08.2018
[Beer14]	Kristina Beer (Jan. 2014), Europäische Datenschutzgrundverordnung: Rechtsinformatiker plädiert für Datenschutzampel (Online), https://www.heise.de/newsticker/meldung/Europaeische-Datenschutzgrundverordnung-Rechtsinformatiker-plaediert-fuer-Datenschutzampel-2082080.html, abgerufen am 07.08.2018

[BeFr16]	Becker und Fromme (Apr. 2016), Es wird weniger Unfälle geben (Online), https://www.sueddeutsche.de/auto/vernetzte-fahrzeuge-wie-hersteller-und-versicherer-um-die-daten-kaempfen-1.2957358-3, abgerufen am 04.08.2018
[Berg14]	Roland Berger (Sept. 2014), Shared Mobility: Im Schnitt stehen Autos 23 Stunden am Tag herum (Online), https://www.presseportal.de/pm/32053/2819936, abgerufen am 04.08.2018
[Bern16]	Ralf Bernecker (Mai 2016), Datenkrake Tesla? – Informationelle Selbstbestimmung im digitalen Zeitalter (Online), http://tesla3.de/20160525_Tesla_Model_3_Datenkrake_Tesla_Informationelle_Selbstbestimmung_im_digitalen_Zeitalter.html, abgerufen am 04.08.2018
[Bern17]	Patrick Bernau (Dez. 2017), Elon Musk kommt zu spät (Online), http://www.faz.net/aktuell/wirtschaft/diginomics/elon-musk-nimmt-prognose-fuer-autonome-autos-zurueck-15337359.html, abgerufen am 07.08.2018
[Beut17]	Werner Beutnagel (Juni 2017), Connected Car braucht Privacy by Default (Online), https://www.car-it.com/connected-car-braucht-privacy-by-default/id-0050778, abgerufen am 04.08.2018
[Bfdi1]	Die Bundesbeauftragte für den Datenschutz und die Informationsfreiheit (ohne Jahr), Biometrie und Datenschutz (auch verfügbar unter https://www.bfdi.bund.de/DE/Datenschutz/Themen/Technische_Anwendungen/TechnischeAnwendungenArtikel/BiometrieUndDatenschutz.html)

[Bfdi17]	Die Bundesbeauftragte für den Datenschutz und die Informationsfreiheit (Juni 2017), Datenschutzrechtliche Empfehlungen zum automatisierten und vernetzten Fahren (auch verfügbar unter https://www.bfdi.bund.de/SharedDocs/Publikationen/Allgemein/DatenschutzrechtlicheEmpfehlungenVernetztesAuto.pdf?_blob=publicationFile&v=1)
[Bfdi17b]	Die Bundesbeauftragte für den Datenschutz und die Informationsfreiheit (Juni 2017), Datenschutzrechtliche Empfehlungen zum automatisierten und vernetzten Fahren (auch verfügbar unter https://www.bfdi.bund.de/SharedDocs/Publikationen/Allgemein/DatenschutzrechtlicheEmpfehlungenVernetztesAuto.pdf?_blob=publicationFile&v=1)
[Bfdi18]	Die Bundesbeauftragte für den Datenschutz und die Informationsfreiheit (Apr. 2018), www.bfdi.bund.de (Online), https://www.bfdi.bund.de/DE/Datenschutz/Themen/Technische_Anwendungen/TechnischeAnwendungenArtikel/Standard-Datenschutzmodell.html, abgerufen am 04.08.2018
[Bmvi17]	Wissenschaftlicher Beirat BMVI (Apr. 2017), Automatisiertes Fahren im Straßenverkehr (auch verfügbar unter https://www.bmvi.de/SharedDocs/DE/Anlage/VerkehrUndMobilitaet/wissenschaftlicher-beirat-gutachten-2017-1.pdf?_blob=publicationFile)
[BMW17]	BMW (2017), BMW CarData - So geht's (Online), https://www.bmw-connecteddrive.de/app/index.html#/portal/cardata-intern, abgerufen am 14.08.2018
[Bmw18a]	BMW (2018), BMW Datenschutzhinweise (Online), https://www.bmw.de/de/footer/metanavigation/data-privacy.html#welche-daten-k-nnen-ber-sie-erhoben-werden-, abgerufen am 04.08.2018

[Bmw18b]	BMW (2018), Real Time Traffic Information (Online), https://www.bmw-connecteddrive.de/app/index.html#/portal/store/Base_RTTIOffer, abgerufen am 04.08.2018
[Bmw18c]	BMW (2018), Autonomes Fahren: Die digitale Vermessung der Welt (Online), https://www.bmw.com/de/innovation/mapping.html, abgerufen am 04.08.2018
[Bosc10]	Bosch (Sept. 2010), Installation Rates Woldwide by New Car Registration (auch verfügbar unter http://www.bosch.co.jp/en/press/pdf/rbjp-1009-02-01.pdf)
[Bosc16]	Robert Bosch GmbH (Sept. 2016), Die Truck-Studie „VisionX" von Bosch zeigt den Lkw von 2026 schon heute (Online), https://www.bosch-presse.de/pressportal/de/de/die-truck-studie-visionx-von-bosch-zeigt-den-lkw-von-2026-schon-heute-63168.html, abgerufen am 04.08.2018
[Brei18]	Matthias Breitinger (März 2018), "Auch Technik wird nie zu 100 Prozent sicher sein" (Online), https://www.zeit.de/mobilitaet/2018-03/autonomes-fahren-auto-technik-sicherheit-unfall-zukunft, abgerufen am 04.08.2018
[BrHa18]	Brost und Hamann (Aug. 2018), "Ein autonom fahrendes Auto erkennt bei Nacht kein Wildschwein" (Online), https://www.zeit.de/2018/31/kuenstliche-intelligenz-autonomes-fahren-wolfgang-wahlster-interview, abgerufen am 15.08.2018
[Bros18]	Brossardt, Bertram (VBW) (März 2018), Politischer Dialog Brüssel - Vernetzte Fahrzeuge und Datentransfer (auch verfügbar unter https://www.vbw-bayern.de/Redaktion/Frei-zugaengliche-Medien/Abteilungen-GS/Planung-und-Koordination/2018/Downloads/Reden/20180327-PD-Br%C3%BCssel-Vernetzte-Fahrzeuge-und-Datentransferg.docx.pdf)

[Bsi1]	Bundesamt für Sicherheit in der Informationstechnik (ohne Jahr), Glossar (Online), https://www.bsi.bund.de/DE/Themen/ITGrundschutz/ITGrundschutzKompendium/vorkapitel/Glossar_.html, abgerufen am 04.08.2018
[Bun17]	Bundesministerium für Verkehr und digitale Infrastruktur (Juli 2017), Ethik-Kommission - Automatisiertes und Vernetztes Fahren (auch verfügbar unter https://www.bmvi.de/SharedDocs/DE/Publikationen/DG/bericht-der-ethik-kommission.pdf?_blob=publicationFile)
[Bund17]	Bundesregierung (Febr. 2017), Datenschutzrecht novelliert (Online), https://www.bundesregierung.de/Content/DE/Artikel/2017/02/2017-02-01-datenschutz.html, abgerufen am 04.08.2018
[Cont16]	Continental AG (Dez. 2016), Continental bringt Biometrie ins Fahrzeug (Online), https://www.continental-corporation.com/de/presse/pressemitteilungen/2016-12-15-biometrics-101676, abgerufen am 04.08.2018
[Cont18]	Continental AG (Juni 2018), Künstliche Intelligenz: Continental und DFKI vereinbaren enge Kooperation (Online), https://www.continental-corporation.com/de/presse/pressemitteilungen/kuenstliche-intelligenz-132796, abgerufen am 23.08.2018
[Czer15]	Agnieszka Czernik (März 2015), Beacon: Datenschutzrechtliche Bewertung von Funksendern (Online), https://www.datenschutzbeauftragter-info.de/beacon-datenschutzrechtliche-bewertung-von-funksendern/, abgerufen am 18.08.2018
[Czer16]	Agnieszka Czernik (Sept. 2016), Hashwerte und Hashfunktionen einfach erklärt (Online), https://www.datenschutzbeauftragter-info.de/hashwerte-und-hashfunktionen-einfach-erklaert/, abgerufen am 04.08.2018

[Daim1]	Daimler AG (ohne Jahr), Computer-Brains und autonomes Fahren. (Online), https://www.daimler.com/innovation/case/autonomous/kuenstliche-intelligenz.html, abgerufen am 04.08.2018
[Data15]	datacar (Febr. 2015), www.datacar.com (Online), http://www.datacar.com/en/the-connected-car-dealership-using-beacon-technology/, abgerufen am 04.08.2018
[Debu17]	Deutscher Bundestag (März 2017), Straßen¬verkehrsgesetz für automatisiertes Fahren geändert (Online), https://www.bundestag.de/dokumente/textarchiv/2017/kw13-de-automatisiertes-fahren/499928, abgerufen am 04.08.2018
[Deut17]	Klarner und Runge (Jan. 2017), Hochpräzise Karten für Automatisiertes Fahren mittels Fernerkundung (auch verfügbar unter https://www.dlr.de/tm/en/Portaldata/43/Resources/dokumente/DriveMark_Handout_Engl_06-04-2016.pdf)
[Dona18]	Andreas Donath (Mai 2018), Tesla macht Bremsen des Model 3 durch Software besser (Online), https://www.golem.de/news/abs-verbesserung-tesla-macht-bremsen-vom-model-3-durch-software-besser-1805-134611.html, abgerufen am 04.08.2018
[Drax16]	Ellen Draxel (März 2016), Das Auto steht die meiste Zeit herum (Online), http://www.sueddeutsche.de/muenchen/schwabingmilbertshofen-geteiltes-leid-1.2927040-2, abgerufen am 04.08.2018
[Dsgv1]	DSGVO (ohne Jahr), Privacy by Design (Online), https://dsgvo-gesetz.de/themen/privacy-by-design/, abgerufen am 04.08.2018
[Erns06]	Eva Elisabeth Ernst (Febr. 2006), Werbung für die Werkstatt, Auto Business Verlag GmbH, ISBN:3-89059-134-5

[Erti18]	ERTICO (Juli 2018), ERTICO coordinated platform releases first on vehicle-to-cloud data standard (Online), http://erticonetwork.com/ertico-coordinated-platform-releases-first-on-vehicle-to-cloud-data-standard/, abgerufen am 04.08.2018
[EsKu18]	Esser und Kurte (Apr. 2018), Studie Autonomes Fahren – Aktueller Stand, Potentiale und Auswirkungsanalyse (auch verfügbar unter https://www.dihk.de/ressourcen/downloads/studie-autonomes-fahren-kurzfassung.pdf/at_download/file?mdate=1531724092074)
[Euro15]	Europäisches Parlament und Rat (Mai 2015), EU-Verordnung 2015/758 (auch verfügbar unter https://eur-lex.europa.eu/legal-content/DE/TXT/PDF/?uri=CELEX:32015R0758&from=EN)
[Focu18]	Focus Online (März 2018), Sieben deutsche Unis wollen autonomes Auto entwickeln (Online), https://www.focus.de/auto/elektroauto/auto-allein-unterwegs-unis-wollen-autonomes-fahrzeug-entwickeln_id_8581186.html, abgerufen am 13.08.2018
[GAA12]	Gasser, Arzt, Ayoubi, Bartels, Eier, Flemisch, Häcker, Hesse, Huber, Lotz, Maurer, Ruth-Schumacher, Schwarz, Vogt (Nov. 2012), Rechtsfolgen zunehmender Fahrzeugautomatisierung (auch verfügbar unter https://www.bast.de/BASt_2017/DE/Publikationen/Foko/Downloads/2012-11.pdf?_blob=publicationFile&v=1)
[Gene16]	General Motors (Jan. 2016), The Safest Place, ab Minute 4:10 (Online), https://www.youtube.com/watch?v=BmfY49rzQZc&t=249s, abgerufen am 04.08.2018
[Goeb18]	Richard Goebelt (Jan. 2018), Datenschutz, IT-Security & Compliance (auch verfügbar unter https://www.vdtuev.de/dok_view?oid=691310)

[Grög18]	Anne-Christin Gröger (März 2018), Wer bei Unfällen mit selbstfahrenden Autos haftet (Online), https://www.sueddeutsche.de/wirtschaft/autonomes-fahren-wer-bei-unfaellen-mit-selbstfahrenden-autos-haftet-1.3914350, abgerufen am 04.08.2018
[Gros16]	Werner Grosch (Aug. 2016), Kameras beobachten Auto-Insassen (Online), https://www.ingenieur.de/technik/fachbereiche/fahrzeugbau/kameras-beobachten-auto-insassen/, abgerufen am 04.08.2018
[Harm18]	HARMAN International (Aug. 2018), New HARMAN UX Solutions Deliver Unprecedented In-Car Comfort and Entertainment Experiences at CES 2018 (Online), https://news.harman.com/releases/new-harman-ux-solutions-deliver-unprecedented-in-car-comfort-and-entertainment-experiences-at-ces-2018, abgerufen am 04.08.2018
[Härt16]	Niko Härting (Mai 2016), DSGVO: Gibt es Regelungen für anonyme Daten? (Online), https://www.cr-online.de/blog/2016/05/03/dsgvo-gibt-es-regelungen-fuer-anonyme-daten/, abgerufen am 04.08.2018
[Haup15]	Heiko Haupt (Aug. 2015), Fahrerlos, aber mit guter Karte (Online), https://www.zeit.de/mobilitaet/2015-07/navigation-autonomes-fahren, abgerufen am 04.08.2018
[HaWi11]	Willbrandt Hass (Jan. 2011), Targeting von Online-Werbung (auch verfügbar unter https://www.uni-flensburg.de/fileadmin/content/abteilungen/marketing/dokumente/pdfs/targeting.pdf)
[Here1]	HERE (Kartendienst wurde 2015 von Audi, BMW und Daimler gekauft) (ohne Jahr), Highly Automated Driving (Online), https://www.here.com/en/products-services/here-automotive-suite/highly-automated-driving/highly-automated-driving-overview, abgerufen am 20.08.2018

[Herg17]	Mario Herger (Okt. 2017), Der letzte Führerscheinneuling: ist bereits geboren, Plassen Verlag, ISBN:978-3864705380
[Herm18]	Winfried Hermann (Juli 2018), Erster autonom fahrender Bus im öffentlichen Straßenverkehr (Online), https://www.baden-wuerttemberg.de/de/service/presse/pressemitteilung/pid/erste-autonom-fahrender-bus-im-oeffentlichen-strassenverkehr/, abgerufen am 04.08.2018
[Herr18]	Florian Herrmann (Mai 2018), Das Auto als Schlafwagen oder rollendes Büro? (Online), https://www.iao.fraunhofer.de/lang-de/presse-und-medien/aktuelles/2016-das-auto-als-schlafwagen-oder-rollendes-buero.html, abgerufen am 04.08.2018
[Huk1]	HUK-Coburg (ohne Jahr), Was Sie über Telematik im Auto wissen müssen und wie Sie damit Geld sparen (Online), https://www.huk.de/fahrzeuge/ratgeber/autokauf/was-ist-telematik.html, abgerufen am 18.08.2018
[Inte17a]	intersoft consulting services AG (Juni 2017), Carsharing – Bleibt der Datenschutz auf der Strecke? (Online), https://www.datenschutzbeauftragter-info.de/carsharing-bleibt-der-datenschutz-auf-der-strecke/, abgerufen am 04.08.2018
[Ippe18]	Holger Ippen (Apr. 2018), Sicherheitsstandards für den virtuellen Autoschlüssel (Online), https://www.autozeitung.de/auto-konnektivitaet-vernetzung-smartkey-smartphone-autoschluessel-84687.html, abgerufen am 04.08.2018
[JoMi15]	Johanning und Milder (Juli 2015), Car IT kompakt, Springer Vieweg, ISBN:978-3-658-09967-1
[Kemm17]	Michael Kemme (Dez. 2017), Wie wird autonomes Fahren unsere Mobilität verändern? (Online), https://www.welt.de/wirtschaft/bilanz/article171634393/Wie-wird-autonomes-Fahren-unsere-Mobilitaet-veraendern.html, abgerufen am 04.08.2018

[Kett14]	Sara Kettler (Aug. 2014), The Google Chronicles (Online), https://www.biography.com/news/google-founders-history-facts, abgerufen am 04.08.2018
[KHOH18]	Heil, Orwat, Hoeren Kolany-Raiser (April 2018), Big Data und Gesellschaft, Springer Verlag, ISBN:9783658216658
[Köll17]	Christiane Köllner (Juni 2017), IBM arbeitet mit BMW Car Data an neuen Mobilitätsservices (Online), https://www.springerprofessional.de/sicherheit-fahrbezogener-daten/automobilelektronik---software/ibm-arbeitet-mit-bmw-car-data-an-neuen-mobilitaetsservices-/12448322, abgerufen am 14.08.2018
[Kraf1]	Kraftfahrt Bundesamt (ohne Jahr), Typdaten (Online), https://www.kba.de/DE/Typgenehmigung/Fahrzeugtypdaten_amtlDaten_TGV/Fahrzeugzulassung/Typdaten/typdaten_node.html, abgerufen am 04.08.2018
[Krüg18]	Alfred Krüger (Apr. 2018), Smartphone statt Autoschlüssel (Online), https://www.zdf.de/nachrichten/heute/smartphone-statt-autoschluessel-100.html, abgerufen am 04.08.2018
[Kuma18]	Mohit Kumar (Mai 2018), Chinese Hackers Find Over a Dozen Vulnerabilities in BMW Cars (Online), https://thehackernews.com/2018/05/bmw-smart-car-hacking.html, abgerufen am 04.08.2018
[Kump17]	Benjamin Kumpf (Mai 2017), Smart Cars - eine datenschutzrechtliche Analyse, Verlage Dr. Kovac, ISBN:978-3-8300-9521-7
[Lenn17]	Michael Lennartz (Okt. 2017), Der Computer darf noch nicht ran (Online), https://www.zeit.de/mobilitaet/2017-10/autonomes-fahren-audi-a8-computer, abgerufen am 13.08.2018
[Lide17]	LiDe (Apr. 2017), Digital Innovation and Transformation (Online), https://digit.hbs.org/submission/google-x-leveraging-data-and-algorithms-for-self-driving-cars/, abgerufen am 04.08.2018

[Maca17]	James Macaluso (Okt. 2017), Mark Zuckerberg and His Education (Online), https://academic-writing.org/blog/mark-zuckerberg-education/, abgerufen am 04.08.2018
[Mana18]	manager magazin new media GmbH (Juli 2018), Auch Volkswagen von riesigem Datenleck betroffen (Online), http://www.manager-magazin.de/digitales/it/vw-toyota-gm-ford-fiat-und-tesla-von-datenleck-betroffen-a-1219681.html, abgerufen am 04.08.2018
[McBr14]	Bill McBride (Okt. 2014), Vehicle Sales: Fleet Turnover Ratio (Online), https://www.calculatedriskblog.com/2014/09/vehicle-sales-fleet-turnover-ratio.html, abgerufen am 07.08.2018
[medi18]	Medizin und Technik (Okt. 2018), Intelligente Sensoren kommen aus der Strickmaschine (Online), https://medizin-und-technik.industrie.de/allgemein/intelligente-sensoren-kommen-aus-der-strickmaschine/, abgerufen am 04.08.2018
[Merc18]	Daimler AG (2018), Datenschutz (Online), https://www.mercedes-benz.de/content/germany/mpc/mpc_germany_website/de/home_mpc/privacy_statement.html, abgerufen am 04.08.2018
[MGLW15]	Maurer, Gerdes, Lenz, und Winner (Mai 2015), Autonomes Fahren, Springer-Verlag, ISBN:978-3-662-45853-2
[Mort17]	Henrik Mortsiefer (Juni 2017), Datenschutz setzt der Freiheit Grenzen (Online), https://www.tagesspiegel.de/wirtschaft/autonomes-fahren-datenschutz-setzt-der-freiheit-grenzen/19884090.html, abgerufen am 04.08.2018
[Nage16]	Pascal Nagel (Juli 2016), Medizintechnik im Fahrzeug (Online), https://www.car-it.com/bewegungsprofil/id-0046585, abgerufen am 04.08.2018

[Ntv14]	NTV (Jan. 2014), Datenspeicher im Auto verraten Fahrverhalten (Online), https://www.n-tv.de/auto/Datenspeicher-im-Auto-verraten-Fahrverhalten-article12009026.html, abgerufen am 04.08.2018
[Oppe13]	Birgit Oppermann (Febr. 2013), Am Puls des Fahrers (Online), https://medizin-und-technik.industrie.de/allgemein/am-puls-des-fahrers/, abgerufen am 04.08.2018
[Prof16]	Proff und Fojcik (Sept. 2016), Nationale und internationale Trends in der Mobilität, Springer Gabler, ISBN:978-3658145620
[RGJR16]	Roßnagel, Geminn, Jandt, und Richter (Juni 2016), Datenschutzrecht 2016 - „Smart" genug für die Zukunft?, kassel university press GmbH, ISBN:978-3-7376-0154-2 [Online]. http://www.uni-kassel.de/upress/online/OpenAccess/978-3-7376-0154-2.OpenAccess.pdf
[Ritz18]	Johannes Ritz (Mai 2018), Mobilitätswende - autonome Autos erobern unsere Straßen, Springer Verlag, ISBN:978-3-658-20952-0
[Robe1]	Robert Bosch GmbH (ohne Jahr), Künstliche Intelligenz beim autonomen Fahren (Online), https://www.bosch.com/de/explore-and-experience/kuenstliche-intelligenz-im-auto/, abgerufen am 23.08.2018
[Roes17]	Thomas Roeske (Dez. 2017), Praxistipp: Löschkonzept im Unternehmen implementieren (Online), https://www.datenschutzbeauftragter-info.de/praxistipp-loeschkonzept-im-unternehmen-implementieren/, abgerufen am 04.08.2018
[Rube18]	Bernd Rubel (Mai 2018), Tesla verbessert die Bremsen des Model 3 (Online), https://www.mobilegeeks.de/news/tesla-model-3-faellt-bei-einflussreichem-test-magazin-durch/, abgerufen am 18.08.2018

[RüLi16]	Rüdiger und Litzel (Febr. 2016), Daten revolutionieren die Automobilindustrie (Online), https://www.bigdata-insider.de/daten-revolutionieren-die-automobilindustrie-a-521360/, abgerufen am 04.08.2018
[Schä17]	Patrick Schäfer (Juli 2017), Rechtliche Rahmenbedingungen verhindern autonomes Fahren (Online), https://www.springerprofessional.de/automatisiertes-fahren/sicherheit-fahrbezogener-daten/rechtliche-rahmenbedingungen-verhindern-autonomes-fahren/13294192, abgerufen am 04.08.2018
[Schl16]	Stefan Schlott (März 2016), Fahrzeuginnenräume für das autonome Fahren (Online), https://www.springerprofessional.de/interieur/automatisiertes-fahren/fahrzeuginnenraeume-fuer-das-autonome-fahren/7841742, abgerufen am 04.08.2018
[Schn15a]	Patrick Schnabel (Aug. 2015), Kommunikationstechnik-Fibel (Kapitel: GPS) (auch verfügbar unter https://www.elektronik-kompendium.de/sites/kom/1201071.htm)
[Schn15b]	Patrick Schnabel (Aug. 2015), Kommunikationstechnik-Fibel (Kapitel: Galileo) (auch verfügbar unter https://www.elektronik-kompendium.de/sites/kom/1201081.htm)
[Schn16]	Thomas Schneider (Mai 2016), Wie funktioniert eigentlich ein GPS-Gerät? (Online), https://gps.de/gps-gerat/, abgerufen am 04.08.2018
[Schw18]	Simon Schwichtenberg (Apr. 2018), Datenschutz in drei Stufen, Springer Vieweg, ISBN:978-3-658-22016-7
[ScKe15]	Schellert und Kerner (Aug. 2015), AUTONOMES FAHREN IN DER LOGISTIK (auch verfügbar unter https://www.iml.fraunhofer.de/content/dam/iml/de/documents/OE%20320/Infoseiten%20Abteilung%20und%20Gruppen/folder_autonomes_fahren_de.pdf)

Literaturverzeichnis

[ScWe17]	Schwartmann und Weiß (Mai 2017), Whitepaper zur Pseudonymisierung (Online), https://www.gdd.de/downloads/whitepaper-zur-pseudonymisierung, abgerufen am 04.08.2018
[Sdm18]	AK Technik (Apr. 2018), Das Standard-Datenschutzmodell (auch verfügbar unter https://www.datenschutzzentrum.de/uploads/sdm/SDM-Methode_V1.1.pdf)
[Smol18]	Maja Smoltczyk (Febr. 2018), VDA Mustertext zur Datenverarbeitung im Fahrzeug (auch verfügbar unter https://www.datenschutz-berlin.de/pdf/publikationen/DSK/2018/2018-DSK-VDA_Mustertext.pdf)
[SNW18]	Scharring; Nash; Wong (SMMT) (Febr. 2017), Connected and Autonomous Vehicles (Position Paper) (auch verfügbar unter https://www.smmt.co.uk/wp-content/uploads/sites/2/SMMT-CAV-position-paper-final.pdf)
[Stif17]	Stiftung Warentest 10/2017 (Sept. 2017), Schnüffler an Bord (auch verfügbar unter https://www.test.de/Connected-Cars-Die-Apps-der-Autohersteller-sind-Datenschnueffler-5231839-0/)
[Stör17]	Störing, Dr. Marc (FiA) (Mai 2017), What EU legislation says about car data (auch verfügbar unter http://www.osborneclarke.com/wp-content/uploads/2017/08/OSB100213_FIA-Car-Data-Report_v1.pdf)
[Tesl18]	Tesla (2018), Kundendatenschutzrichtlinie (Online), https://www.tesla.com/de_DE/about/legal, abgerufen am 04.08.2018

[Thes17]	Melissa Thesing (Apr. 2017), Unterschied zwischen Anonymisierung, Pseudonymisierung und Verschlüsselung (Online), https://www.datenschutz-notizen.de/unterschied-zwischen-anonymisierung-pseudony-misierung-und-verschluesselung-2916984/, abgerufen am 04.08.2018
[Tomi13]	Stefan Tomik (Aug. 2013), Orten, peilen, überwachen (Online), http://www.faz.net/aktuell/politik/geheimdienste-orten-peilen-ueberwachen-12528923.html, abgerufen am 04.08.2018
[Vbw16]	Vereinigung der Bayerischen Wirtschaft (Aug. 2016), Automatisiertes Fahren – Datenschutz und Datensicherheit (auch verfügbar unter https://www.vbw-bayern.de/Redaktion/Frei-zugaengliche-Medien/Abteilungen-GS/Recht/2016/Downloads/Positionspapiere_3/vbw-Position-Automatisiertes-Fahren-Datenschutz-und-Datensicherheit-August-2016.pdf)
[Vbw18]	Vereinigung der Bayerischen Wirtschaft (März 2018), Automatisiertes Fahren – Datenschutz und Datensicherheit (auch verfügbar unter https://vbw-bayern.de/Redaktion/Frei-zugaengliche-Medien/Abteilungen-GS/Recht/2018/Downloads/vbw-Position-Automatisiertes-Fahren-Datenschutz-und-Datensicherheit-Ma%CC%88rz-2018.pdf)
[Vda14]	Verband der Automobilindustrie (Nov. 2014), Datenschutzprinzipien für vernetzte Fahrzeuge (Online), https://www.vda.de/de/themen/innovation-und-technik/vernetzung/datenschutz-prinzipien-fuer-vernetzte-fahrzeuge.html, abgerufen am 04.08.2018
[Vda15]	Verband der Automobilindustrie (Sept. 2015), Automatisierung - Von Fahrerassistenzsystemen zum automatisierten Fahren (auch verfügbar unter https://www.vda.de/dam/vda/publications/2015/automatisierung.pdf)

[Vda17a]	Verband der Automobilindustrie (Dez. 2017), Automatisiertes Fahren (Online), https://www.vda.de/de/themen/innovation-und-technik/automatisiertes-fahren/automatisiertes-fahren.html, abgerufen am 04.08.2018
[Vda17b]	Verband der Automobilindustrie (Dez. 2017), Automatisiertes Fahren (Online), https://www.vda.de/de/themen/innovation-und-technik/automatisiertes-fahren/zukunft-des-automatisierten-fahrens.html, abgerufen am 04.08.2018
[VdDs16]	DSK und VDA (Jan. 2016), Datenschutz-Prinzipien für vernetzte Fahrzeuge (auch verfügbar unter https://www.bfdi.bund.de/SharedDocs/Publikationen/Entschliessungssammlung/DSBundLaender/ErklaerungDSKVDAVernetzteKfz.pdf;jsessionid=1D695C23F8DB67B2EF4D5A092114AB12.2_cid354?__blob=publicationFile&v=2)
[Verk18]	Verkehrsclub Deutschland (ohne Jahr), EU setzt Vorgaben für Pkw (Online), https://www.vcd.org/themen/auto-umwelt/co2-grenzwert/, abgerufen am 04.08.2018
[View16a]	Christof Vieweg (Mai 2016), Ohne Echtzeitdaten geht es nicht (Online), https://www.zeit.de/mobilitaet/2016-04/autonomes-fahren-mobilfunk-5g-echtzeitdaten/seite-2, abgerufen am 04.08.2018
[Vitz17]	Thomas Vitzthum (Juni 2017), Als Merkel in die Zukunft blicken soll, lacht das Auditorium (Online), https://www.welt.de/politik/deutschland/article165359594/Als-Merkel-in-die-Zukunft-blicken-soll-lacht-das-Auditorium.html, abgerufen am 04.08.2018
[Volv14]	Volvo Car (März 2014), Vision 2020 (Online), https://www.media.volvocars.com/at/de-at/media/pressreleases/140898/vision-2020-volvo-cars-erprobt-sensortechnik-zur-erkennung-von-mden-und-unaufmerksamen-fahrern, abgerufen am 04.08.2018

[Wans18]	Martin Wansleben (Juli 2018), Autonomes Fahren zügig vorantreiben! (Online), https://www.dihk.de/presse/meldungen/2018-07-16-wansleben-autonomes-fahren, abgerufen am 04.08.2018
[Weiß12]	Gereon Weiß (Nov. 2012), Zukünftige Softwarearchitekturen für Fahrzeuge (auch verfügbar unter https://www.esk.fraunhofer.de/content/dam/esk/dokumente/PDB-adaptives-Bordnetz-dt.pdf)
[Wirt08]	Wirtschaftskommission der Vereinten Nationen für Europa (Mai 2008), Regelung Nr. 79 (5.1.6.1) (auch verfügbar unter https://eur-lex.europa.eu/legal-content/DE/TXT/?uri=CELEX%3A42008X0527%2801%29)
[Wirt16]	Gabriel Wirth (Sept. 2016), Die Zukunft ist selbstfahrend - und auch sicher? (Online), https://www.br.de/nachrichten/tdt-autonomes-fahren-100.html, abgerufen am 04.08.2018
[Yanf17]	Yanfeng Automotive Interiors (Sept. 2017), Mit XiM18 definiert YFAI den mobilen Lebensraum neu (Online), https://www.yfai.com/de/xim18-von-yanfeng-automotive-interiors-hat-europapremiere-auf-der-iaa-2017, abgerufen am 18.08.2018
[Zeit17]	Zeit Online (Dez. 2017), GM will ab 2019 Roboter-Taxis betreiben (Online), https://www.zeit.de/mobilitaet/2017-12/autonomes-fahren-general-motors-roboter-taxis-selbstfahrende-autos, abgerufen am 04.08.2018
[Zhan17]	Benjamin Zhang (Dez. 2017), Das sind die 15 sichersten Autos, die ihr 2018 kaufen könnt (Online), https://www.businessinsider.de/sicherste-autos-2018-2017-12, abgerufen am 04.08.2018
[Zieg16]	Chris Ziegler (Mai 2016), Driver whose Tesla Model S crashed while using Summon was breaking all the rules (Online), https://www.theverge.com/2016/5/11/11658226/tesla-model-s-summon-autopilot-crash-letter, abgerufen am 04.08.2018